STRAEON MORGAN WYN

Llyfr Gweithgareddau

Cynnwys

Teitl	Tud.
Plant y Cnau	3
Morgan Wyn	22
Symffoni'r Sêr	42
Synpreis Morgan Wyn	56
Syniadau am Weithgareddau Ymarferol	75

Noddwyd gan Lywodraeth Cynulliad Cymru

Cydnabyddiaeth

Awduron:
Eirlys Eckley
Afryl Davies

Golygydd:
Huw Roberts

Dymunir diolch i'r canlynol am eu harweiniad gwerthfawr:
Rhian Heledd Jones
Meinir Thorman-Jones
Catrin James
Magwen Pughe

Diolch i'r ysgolion canlynol am dreialu'r llyfr:
Ysgol Gymraeg y Gwernant, Llangollen
Ysgol Gynradd Cribyn, Ceredigion
Ysgol y Berllan Deg, Caerdydd
Ysgol Gynradd Llanrug, Gwynedd

© B-DAG 2007
Mae hawlfraint ar y deunyddiau hyn. Ceir llungopïo'r deunydd ar gyfer ei ddefnyddio yn y dosbarth. Os ydych am ddefnyddio'r deunydd mewn unrhyw ffordd arall, rhaid gwneud cais ysgrifenedig i'r cyhoeddwr.
B-DAG, Canolfan y Cyfryngau, Croes Cwrlwys, Caerdydd, CF5 6XJ
post@b-dag.com
www.b-dag.com
ISBN:
1-905699-09-3
978-1-905699-09-4

Argraffwyd a rhwymwyd gan Wasg Gomer, Llandysul, Ceredigion, SA44 4JL

Plant y Cnau
Trosolwg o'r Taflenni Gwaith

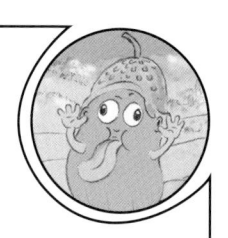

Teitl	Pwnc	Disgrifiad
Disgrifio Ben y Cawr	Ansoddeiriau	Cyflwyno ansoddeiriau
Tebyg i Be? 1	Cyffelybiaethau	Cyflwyno cyffelybiaethau
Tebyg i Be? 2	Cyffelybiaethau	Creu cyffelybiaethau
Tebyg i Be? 3	Cyffelybiaethau	Creu cyffelybiaethau
Odli 1	Creu cwpledi	Cyflwyno cwpledi
Odli 2	Creu cwpledi	Cyfateb llinellau sy'n odli
Coeden Gnau	Enwau	Defnyddio llythyren benodol i ddechrau gair
Geiriau Gwneud 1	Berfau	Dyfalu beth mae Plant y Cnau yn ei wneud
Geiriau Gwneud 2	Berfau	Dewis hoff weithgareddau
Geiriau Gwneud 3	Berfau	Tynnu lluniau o hoff weithgareddau
Cewri Mawr a Chas 1	Sillafau	Dyfalu sawl sillaf sydd yn enwau cewri adnabyddus
Cewri Mawr a Chas 2	Chwarae gydag enwau	Creu enwau newydd i gewri
Cewri Mawr a Chas 3	Chwarae gydag enwau	Defnyddio llythrennau penodol i greu enwau newydd
Cewri Mawr a Chas 4	Chwarae gydag enwau	Creu cawr a'i enwi
Ble mae Plant y Cnau? 1	Arddodiaid	Cyfateb llun gyda'r arddodiad cywir
Ble mae Plant y Cnau? 2	Arddodiaid	Defnyddio arddodiaid
Siarad mewn Swigod 1	Swigod siarad	Gosod deialog mewn swigod siarad
Siarad mewn Swigod 2	Swigod siarad	Dyfeisio deialog i'w osod mewn swigod siarad

Disgrifio Ben y Cawr
Ansoddeiriau

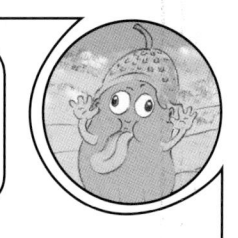

Enw: _____

Gwaith **ansoddeiriau** yw disgrifio. Yn llyfr 'Plant y Cnau' maent yn dweud llawer am y cymeriadau.

Yn llyfr 'Plant y Cnau' mae'r ansoddeiriau'n creu darlun clir iawn o gymeriad Ben:

"Cawr oedd Ben – cawr, **mawr caredig**".

Mae **mawr** a **caredig** yn ansoddeiriau sy'n ein helpu i adnabod Ben yn well.

Lliwia'r ansoddeiriau sy'n disgrifio Ben y Cawr.

Mawr
Tal
Ofnus
Gwan
Tawel
Byr
Tenau
Ysgafn

Unig
Trist
Hapus
Cryf
Caredig
Trwm
Blewog
Cyfeillgar

Tebyg i Be? 1
Cyffelybiaethau

Enw: _____

Pan fyddwn yn dweud bod rhywbeth **fel** rhywbeth arall byddwn yn dweud fod gennym gyffelybiaeth.

"Mae sgidiau Ben **fel** pâr o longau mawr"

Edrycha ar y lluniau a cheisia wneud dy gyffelybiaeth dy hun.

"Mae menig Ben fel _____"

"Mae siaced Ben fel _____"

"Mae trowsus Ben fel _____"

"Mae het Ben fel _____"

Tebyg i Be? 2
Cyffelybiaethau

Enw: _____

Mae pobl yn hoffi dweud bod rhywbeth fel rhywbeth arall:

"Mae trowsus Ben y Cawr **fel** gwaelod pabell fawr!"
"Mae menig Ben y Cawr **fel** pâr o sachau mawr!"

Meddylia am fwy o bethau sydd **fel** rhywbeth arall, **does dim rhaid odli bob tro**, dim ond meddwl am bethau sydd yn debyg.

"Mae Plant y Cnau yn neidio fel _____ "

"Mae Plant y Cnau yn sboncio fel _____ "

"Mae Plant y Cnau yn pinsio fel _____ "

| llyfantod | cwningod | crancod |

Tebyg i Be? 3
Cyffelybiaethau

Enw: _____

Dyma enghraifft o gyffelybiaeth:

"Mae tisian cawr **fel** taran fawr"

Cer ati i greu dy gyffelybiaethau dy hun.

"Mae pen Ben y Cawr fel _____"

"Roedd trwyn Ben y Cawr fel _____"

"Mae tafod Ben y Cawr fel _____"

"Roedd coesau Ben y Cawr fel _____"

"Mae pen ôl Ben y Cawr fel _____"

Odli 1
Creu cwpledi

Enw: _____

Yn llyfr 'Plant y Cnau' mae nifer o gwpledi:

"Mae sgidiau Ben y **Cawr**
fel pâr o longau **mawr**!"

"Mae menig Ben y **Cawr**
fel pâr o sachau **mawr**!"

Mae rhywbeth yn digwydd gyda'r ddau air olaf yn y ddwy frawddeg, **Cawr** a **mawr**.

Mae'r geiriau'n **odli** ac yn swnio'n debyg!

Ystyr **cwpled** yw dwy linell sy'n odli mewn barddoniaeth.

Tynna linell rhwng y geiriau sy'n odli.

mawr	bach
telyn	cawr
sach	melyn

Odli 2
Creu cwpledi

Enw: _____

Torra o amgylch y bocsys a rho'r llinellau sy'n odli gyda'i gilydd.

Mae sgidiau Ben y Cawr

Mae menig Ben y Cawr

Mae trowsus Ben y Cawr

Mae siaced Ben y Cawr

Fel gwaelod pabell fawr!

Fel pâr o longau mawr!

Fel pâr o sachau mawr!

Fel carped ar y llawr!

Coeden Gnau
Enwau

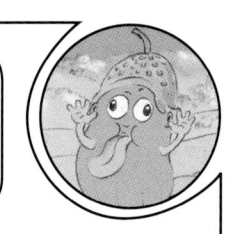

Enw: _____

Fedri di feddwl am eiriau sy'n dechrau gyda'r llythrennau isod? Mae rhai wedi eu gwneud yn barod.

B — bwced

E — eliffant

N — nain

Y — ysgub

C — cawr

A — afal

W — wal

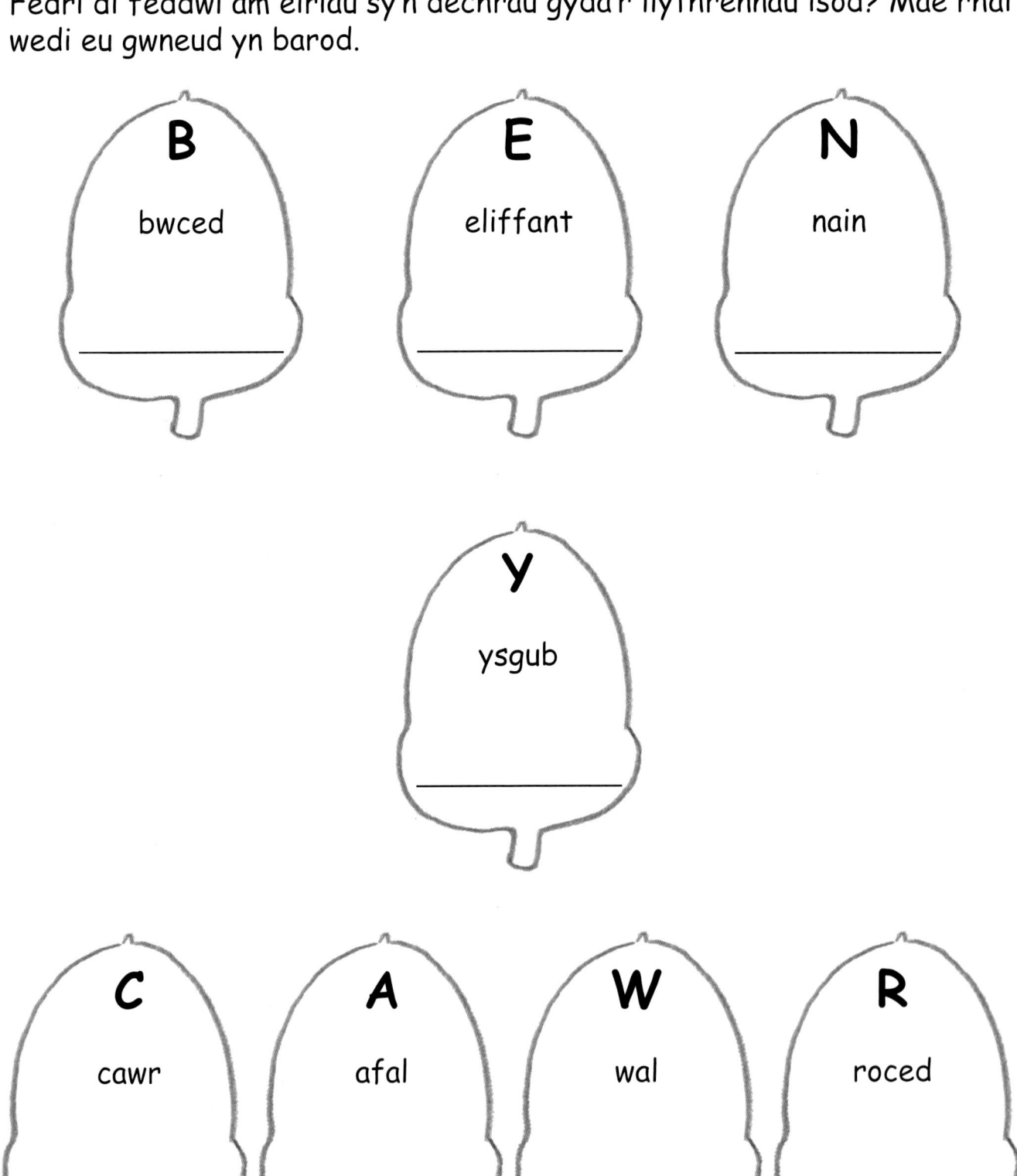

R — roced

Geiriau Gwneud 1
Berfau

Enw: _____

Beth mae Plant y Cnau yn ei wneud? Ysgrifenna beth maen nhw'n ei wneud o dan y lluniau.

_____   _____   _____

_____   _____   _____

Geiriau Gwneud 2
Berfau

Enw: _____

Rho gylch o amgylch y geiriau sy'n disgrifio dy hoff weithgareddau.

rhedeg	bwyta	chwerthin
rhwyfo	bloeddio	chwarae
crio	neidio	gweiddi
canu	nofio	gorwedd
dringo	sgïo	merlota
dawnsio	sgwrio	mesur

Geiriau Gwneud 3
Berfau

Enw: _____

Tynna luniau o'r pethau y byddi di'n hoffi eu gwneud, e.e. rhedeg, nofio, chwerthin.

Rydw i'n hoffi _____

Rydw i'n hoffi _____

Rydw i'n hoffi _____

Rydw i'n hoffi _____

Rydw i'n hoffi _____

Rydw i'n hoffi _____

Cewri Mawr a Chas 1
Sillafau

Enw: _____

Wyt ti'n meddwl bod Ben yn enw da i gawr?

Wyt ti wedi clywed yr enwau yma erioed?

   BENDIGEIDFRAN   YSBADDADEN
   RITA GAWR   IDRIS
   IFAN GOCH

Ceisia ddweud yr enwau hyn yn uchel.

BEN-DI-GEID-FRAN

____ sillaf

RI-TA-GAWR

____ sillaf

YS-BA-DDAD-EN

____ sillaf

ID-RIS

____ sillaf

Cura dy ddwylo ar bob curiad yn yr enwau.
Sawl curiad sydd ym mhob enw?

Cewri Mawr a Chas 2
Chwarae gydag enwau

Enw: _____

Rho enwau i'r cewri mawr a chas yma.

_____ _____

_____ _____

Cewri Mawr a Chas 3
Chwarae gydag enwau

Enw: _____

Defnyddia'r llythrennau i greu enwau newydd i'r cewri. Mae un enw wedi ei greu yn barod i ti.

JMPSUACL

Enw: JAMAS
Enw: _____
Enw: _____

BALRUTDE

Enw: BALUT
Enw: _____
Enw: _____

HONDPLSI

Enw: PLOND
Enw: _____
Enw: _____

PSECJOFW

Enw: WOFJEC
Enw: _____
Enw: _____

Cewri Mawr a Chas 4
Chwarae gydag enwau

Enw: _____

Torra o amgylch y darnau i greu dy gawr dy hun. Yna, rho enw iddo.

Ble mae Plant y Cnau? 1
Arddodiaid

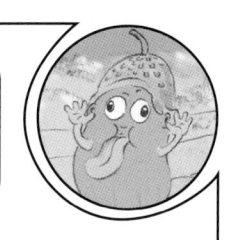

Enw: _____

Sut y byddai Plant y Cnau yn gallu defnyddio'r bont?

Tynna linell rhwng y lluniau a'r brawddegau cywir.

wrth ymyl y bont

o flaen y bont

ar y bont

o dan y bont

Ble mae Plant y Cnau? 2
Arddodiaid

Enw: _____

Torra o amgylch y Plentyn y Cnau. Fedri di ei symud a'i roi ar, o dan, wrth ymyl ac uwchben y bont?

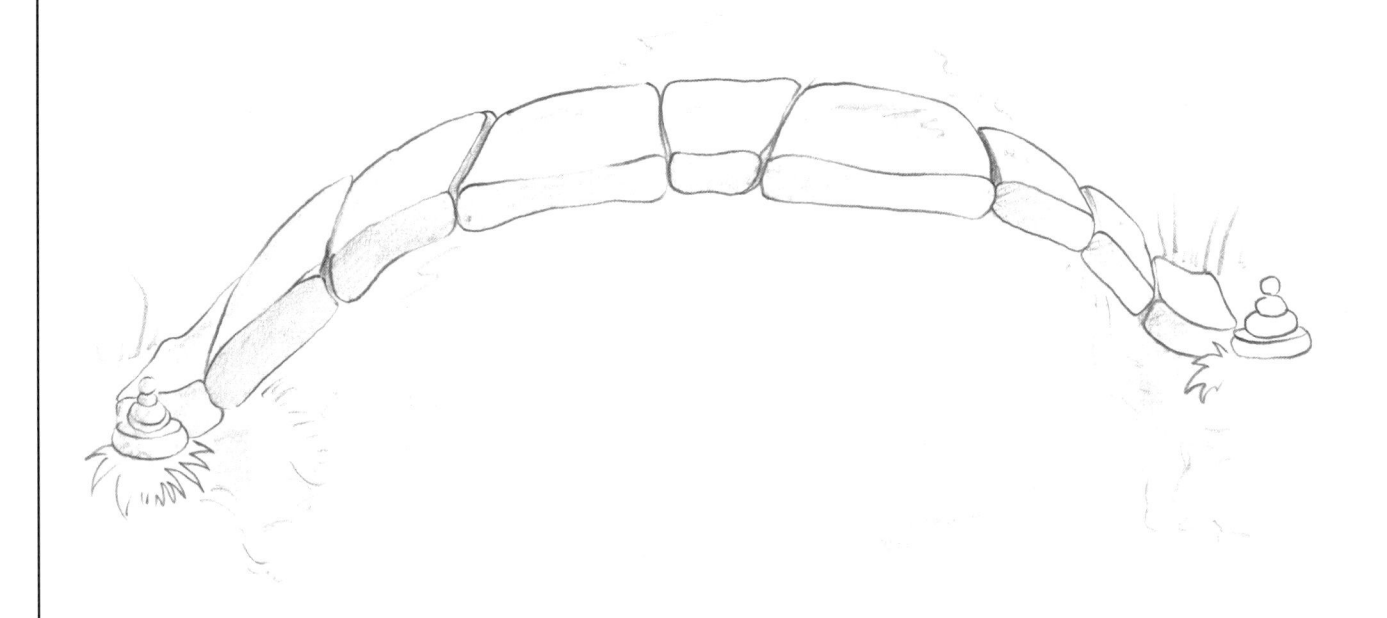

Siarad mewn Swigod 1
Swigod siarad

Enw: _____

Beth mae Plant y Cnau yn ei ddweud wrth Ben y Cawr?

Rho'r brawddegau hyn yn y swigod gwag.

"Dw i'n casáu'r glaw!"
"Dw i'n casáu pyllau dŵr!"
"Mae arna i ofn boddi!"

Mae storm yn codi!

Siarad mewn Swigod 2
Swigod siarad

Enw: _____

Beth hoffet ti ei ddweud wrth Ben y Cawr?

Morgan Wyn
Trosolwg o'r Taflenni Gwaith

Teitl	Pwnc	Disgrifiad
Geiriau Prysur 1	Berfau	Cyflwyniad – esiamplau o ferfau
Geiriau Prysur 2	Berfau	Berfau – llenwi bylchau
Geiriau Prysur 3	Berfau	Berfau – llenwi bylchau
Dechrau Brawddeg	Priflythrennau	Cyflwyniad ac esiamplau i'w cwblhau
Diwedd Brawddeg	Atalnod llawn	Rhoi atalnod llawn ar ddiwedd brawddeg
Bagiau Brawddegau Nain Aberdaron! 1	Trefn brawddeg	Rhoi geiriau mewn trefn Cyflwyniad ac esiampl
Bagiau Brawddegau Nain Aberdaron! 2	Trefn brawddeg	Rhoi geiriau mewn trefn
Y Gorffennol 1	Defnyddio'r gorffennol	Cyflwyniad
Y Gorffennol 2	Defnyddio'r gorffennol	Dod o hyd i enghreifftiau a'r plant i ysgrifennu eu brawddegau eu hunain
Cerdyn Adnabod 1	Disgrifio	Cyflwyniad a disgrifio Morgan Wyn
Cerdyn Adnabod 2	Disgrifio	Llenwi cerdyn adnabod Morgan Wyn
Chwarae gyda Geiriau 1	Cyflythrennu	Cyflwyniad i gyflythrennu ac esiamplau
Chwarae gyda Geiriau 2	Cyflythrennu	Plant i feddwl am fwy o enghreifftiau o gyflythrennu.
Odli gydag Odlau 1	Odli	Cyflwyniad - plant i gwblhau esiamplau
Odli gydag Odlau 2	Odli	Plant i feddwl am fwy o enghreifftiau o odli
Chwilio am y To Bach 1	Yr acen grom	Cyflwyniad i'r acen grom
Chwilio am y To Bach 2	Yr acen grom	Rhoi'r acen grom yn y man cywir
Defnyddio Dyfynodau 1	Dyfynodau	Cyflwyniad ac ychwanegu dyfynodau at frawddegau
Defnyddio Dyfynodau 2	Dyfynodau	Ychwanegu dyfynodau at frawddegau

Geiriau Prysur 1
Berfau

Enw: _____

Geiriau prysur iawn iawn yw **berfau**.

Gwaith berfau yw disgrifio rhywbeth mae rhywun neu rywbeth yn ei wneud.

Bachgen bach prysur prysur yw Morgan Wyn … mae'n gwneud rhywbeth o hyd!

"Weithiau roedd Morgan Wyn yn **gorwedd** o dan y gwely!"

Mae **gorwedd** yn ferf. Fedri di gwblhau'r berfau isod o lyfr Morgan Wyn?

cly __ __ d

ei __ __ edd

ne __ __ io

sy __ th __ __

rhed __ __

Geiriau Prysur 2
Berfau

Enw: _____

Edrycha ar y lluniau, beth mae Morgan Wyn yn ei wneud?

Defnyddia'r **berfau** yma i orffen y brawddegau ...

(eistedd)   (clywed)   (neidiodd)   (gorwedd)

Dyma Morgan yn _____ o dan y gwely.

Roedd Morgan yn gallu _____ sŵn y sêr.

Dyma Morgan yn _____ ar y cwmwl glaw.

_____ Morgan i helpu Nain i fyny grisiau.

24

Geiriau Prysur 3
Berfau

Enw: _____

Defnyddia'r berfau sydd yn y cymylau i lenwi'r blychau sydd yn y brawddegau.

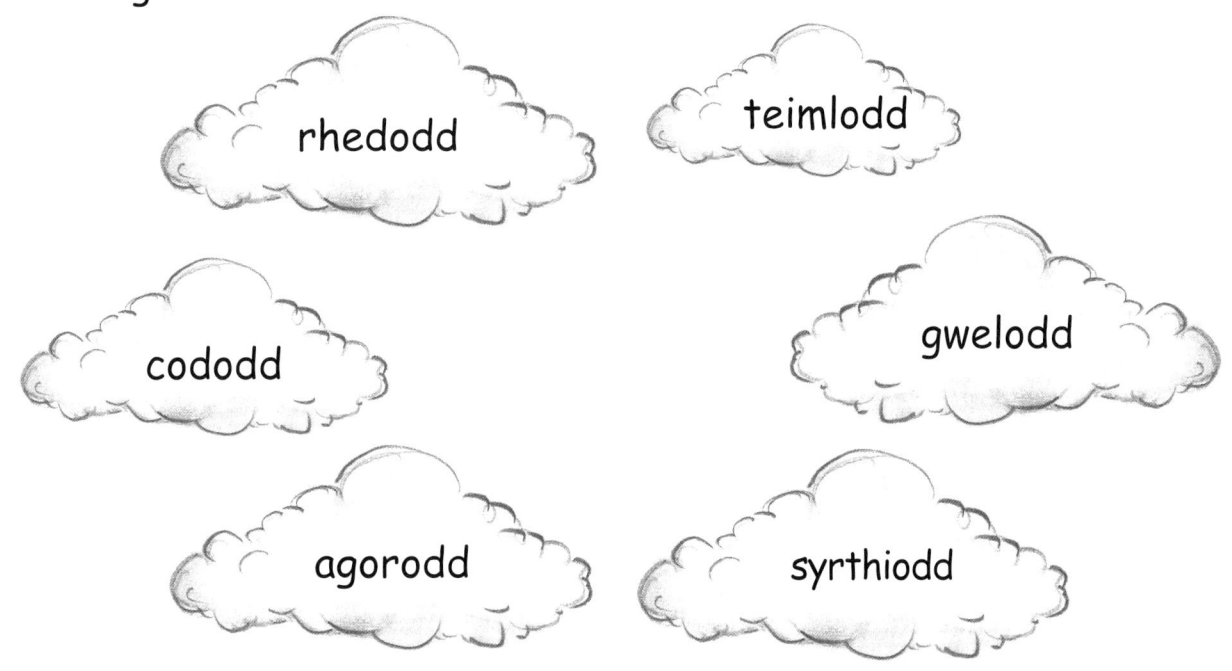

- rhedodd
- teimlodd
- cododd
- gwelodd
- agorodd
- syrthiodd

1. S_____ Nain a Morgan i ganol y cwmwl glaw.

2. Rh_____ Morgan at Nain a gafael yn dynn amdani.

3. C_____ glustog liwgar allan o'r bag breuddwydion.

4. A_____ Nain y bag breuddwydion.

5. T_____ Morgan Wyn yn ysgafn fel pluen.

6. G_____ Morgan Wyn ble roedd Huwcyn Cwsg yn byw.

Dechrau Brawddeg
Priflythrennau

Enw: _____

Mae'n rhaid cofio defnyddio **priflythyren** ar ddechrau brawddeg, fel hyn:

"Doedd Morgan Wyn byth yn gallu cysgu."

Ble mae'r briflythyren yn y brawddegau yma?
Defnyddia bensil lliw i ysgrifennu'r briflythyren yn gywir.

B
~~b~~achgen bach yw Morgan Wyn.

cath yw Twm Tatws.

ci yw Mali.

mae Nain yn hen.

teithiodd Nain ar fws.

roedd Morgan Wyn yn hedfan.

Diwedd Brawddeg
Atalnod llawn

Enw: _____

Mae'n rhaid cofio defnyddio **atalnod llawn** ar ddiwedd brawddeg, fel hyn:

"Daliodd Nain y bws o Borthmadog i Gaerdydd."

Ble mae'r atalnod llawn yn y brawddegau yma?
Cylcha bob atalnod llawn gyda phensil lliw.

Roedd Nain yn caru Morgan Wyn.

Doedd Morgan Wyn ddim yn gallu cysgu.

Defnyddia bensil lliw i osod atalnod llawn yn gywir yn y brawddegau hyn. Mae'r cyntaf wedi ei wneud i ti.

Roedd y ffenest yn llydan agored.

Roedd Nain yn gwybod ble roedd Huwcyn Cwsg yn byw

Cariodd Nain y bag llaw

Hogyn Nain oedd Morgan Wyn

Ysgrifenna dair brawddeg a chofia roi atalnod llawn ar ddiwedd pob brawddeg.

_____
_____
_____

Bagiau Brawddegau Nain Aberdaron! 1
Trefn brawddeg

Enw: _____

Edrycha ar y brawddegau sydd wedi eu cymysgu yn y bagiau brawddegau. Fedri di roi'r brawddegau cymysglyd mewn trefn? Cofia roi atalnod llawn ar ddiwedd y frawddeg! Mae'r cyntaf wedi ei wneud yn barod.

Chwilia am y briflythyren bob tro ar gyfer dechrau'r frawddeg.

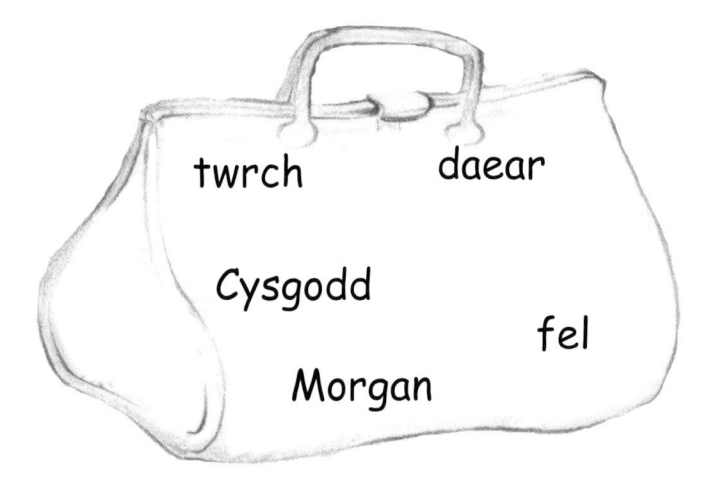

twrch   daear
Cysgodd
fel
Morgan

Cysgodd Morgan fel twrch daear.

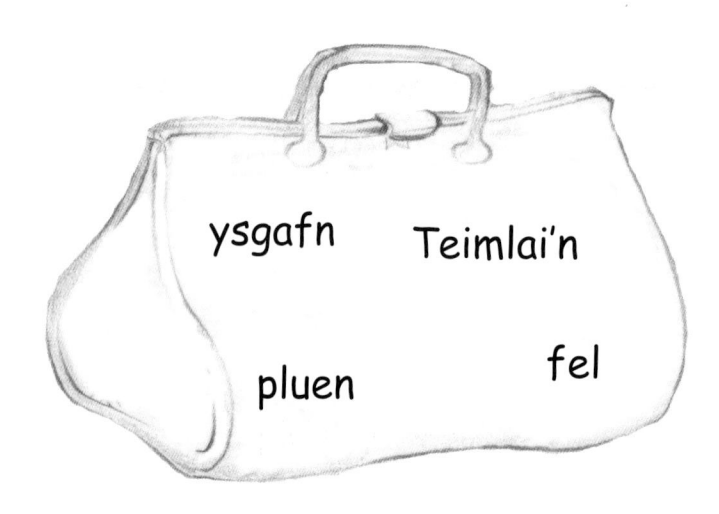

ysgafn   Teimlai'n
pluen   fel

Bagiau Brawddegau Nain Aberdaron! 2
Trefn brawddeg

Enw: _____

Fedri di roi'r brawddegau cymysglyd mewn trefn?
Cofia roi atalnod llawn ar ddiwedd y frawddeg!

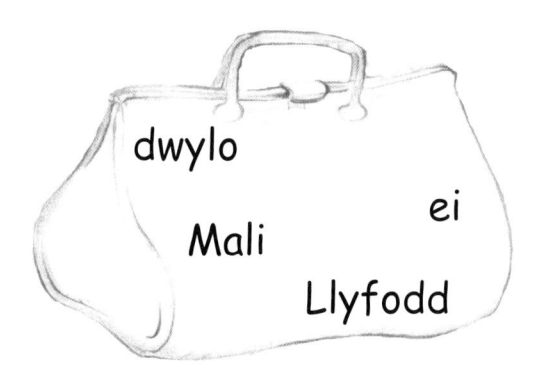

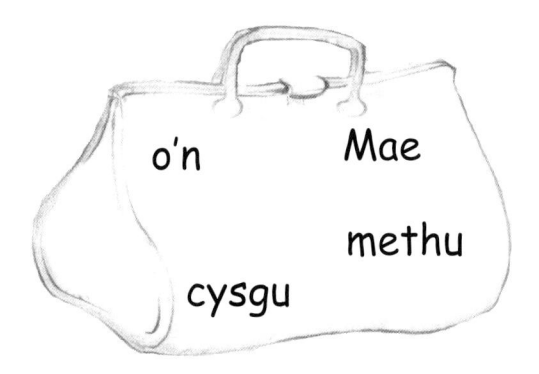

Bag 1: draws, ar, Gorweddai, gwely, y

_____

Bag 2: dwylo, ei, Mali, Llyfodd

_____

Bag 3: o'n, Mae, methu, cysgu

_____

Y Gorffennol 1
Defnyddio'r gorffennol

Enw: _____

Mae stori Morgan Wyn yn llawn brawddegau sydd yn dechrau gyda geiriau fel:

**Daliodd
Gafaelodd
Rhedodd
Neidiodd
Tynnodd**

Byddwn yn defnyddio'r rhain i ddangos bod rhywbeth **wedi** digwydd, e.e.

Neidiodd Morgan i helpu Nain i fyny'r grisiau.

Mae **doedd** a **roedd** yn disgrifio rhywbeth sydd **wedi** digwydd hefyd, e.e.

Doedd Morgan Wyn byth yn gallu cysgu.

Roedd Nain wedi blino'n lân.

Y Gorffennol 2
Defnyddio'r gorffennol

Enw: _____

Chwilia am eiriau yn gorffen gydag –odd yn stori Morgan Wyn. Pan fyddi wedi darganfod geiriau –odd, defnyddia dy bensiliau lliw i ysgrifennu'r geiriau yn y grid.

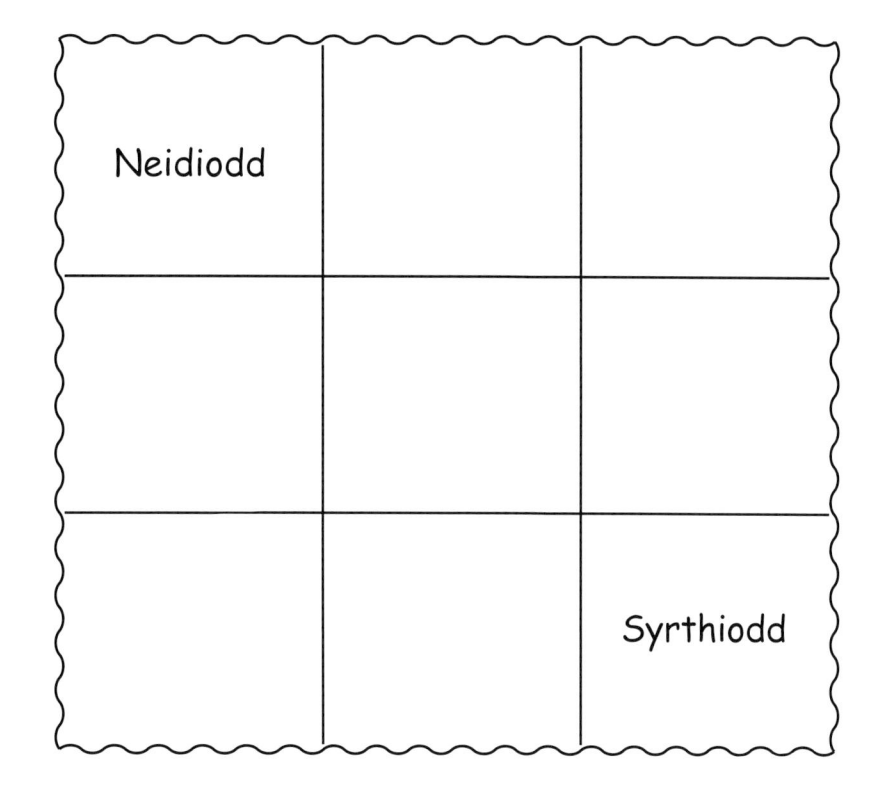

Neidiodd		
		Syrthiodd

Defnyddia rai o dy hoff eiriau i ddechrau brawddeg syml sydd yn sôn am Morgan Wyn, e.e.

Syrthiodd Morgan Wyn.

Dyma rai geiriau i dy helpu i ddechrau brawddegau:

(neidiodd) (rhedodd) (daliodd) (gwelodd) (cafodd)

_____
_____
_____
_____

Cerdyn Adnabod 1
Disgrifio

Enw: _____

Edrycha ar y llun o Morgan Wyn.

Lliwia a labela'r llun.

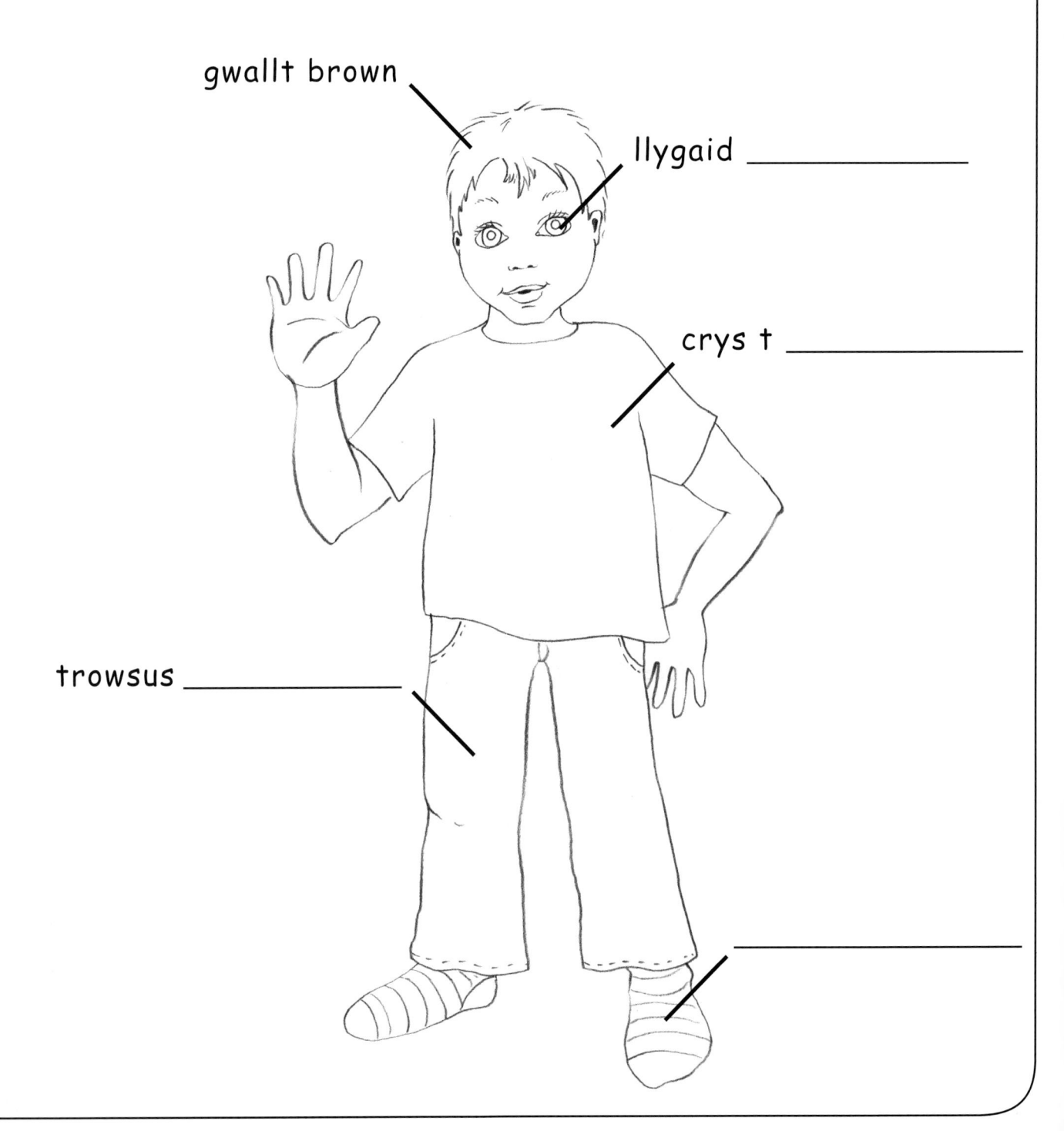

gwallt brown

llygaid _____

crys t _____

trowsus _____

Cerdyn Adnabod 2
Disgrifio

Enw: _____

Mae cymaint mwy o bethau i'w dweud am Morgan Wyn. Felly beth am feddwl yn galed iawn cyn llenwi Cerdyn Adnabod Morgan.

Tynna lun wyneb Morgan Wyn ac ysgrifenna ddisgrifiad ohono.

ENW: _____

OED: _____

LLIW GWALLT: _____

LLIW LLYGAID: _____

DIDDORDEBAU:
_____
_____
_____

HOFF FWYD:
_____
_____
_____

Chwarae gyda Geiriau 1
Cyflythrennu

Enw: _____

Mae'r geiriau isod yn dechrau gyda'r un llythyren – **cyflythrennu** yw hyn. Ceisia ddweud y geiriau yma gan weithio gyda ffrind. Fedri di feddwl am fwy o eiriau sy'n cyflythrennu?

sŵn y ser

blewyn bach

Fedri di orffen yr enghreifftiau o gyflythrennu isod?

bag
__ reuddwyd __ __ __

Twm
T __ __ ws

sym __ __ __ __ i'r __ ê __

Chwarae gyda Geiriau 2
Cyflythrennu

Enw: _____

Dyma enghreifftiau o gyflythrennu.

　　　　parot pinc　　　bananas blasus　　　glaw gwlyb

Ceisia feddwl am fwy o enghreifftiau a'u hysgrifennu yn y sêr bach:

Odli gydag Odlau! 1
Odli

Enw: _____

Mae odli'n hwyl!
Darllen yr odlau yma yn uchel:

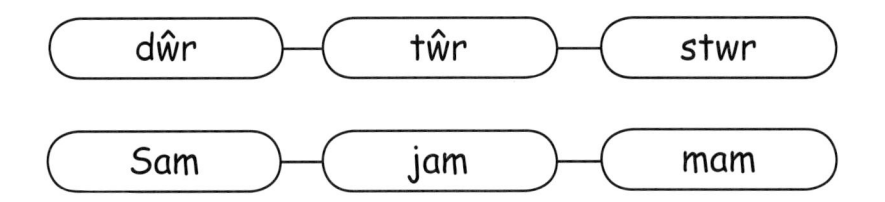

dŵr — tŵr — stwr

Sam — jam — mam

Ceisia gwblhau'r odlau isod. Mae llun fel cliw i dy helpu.

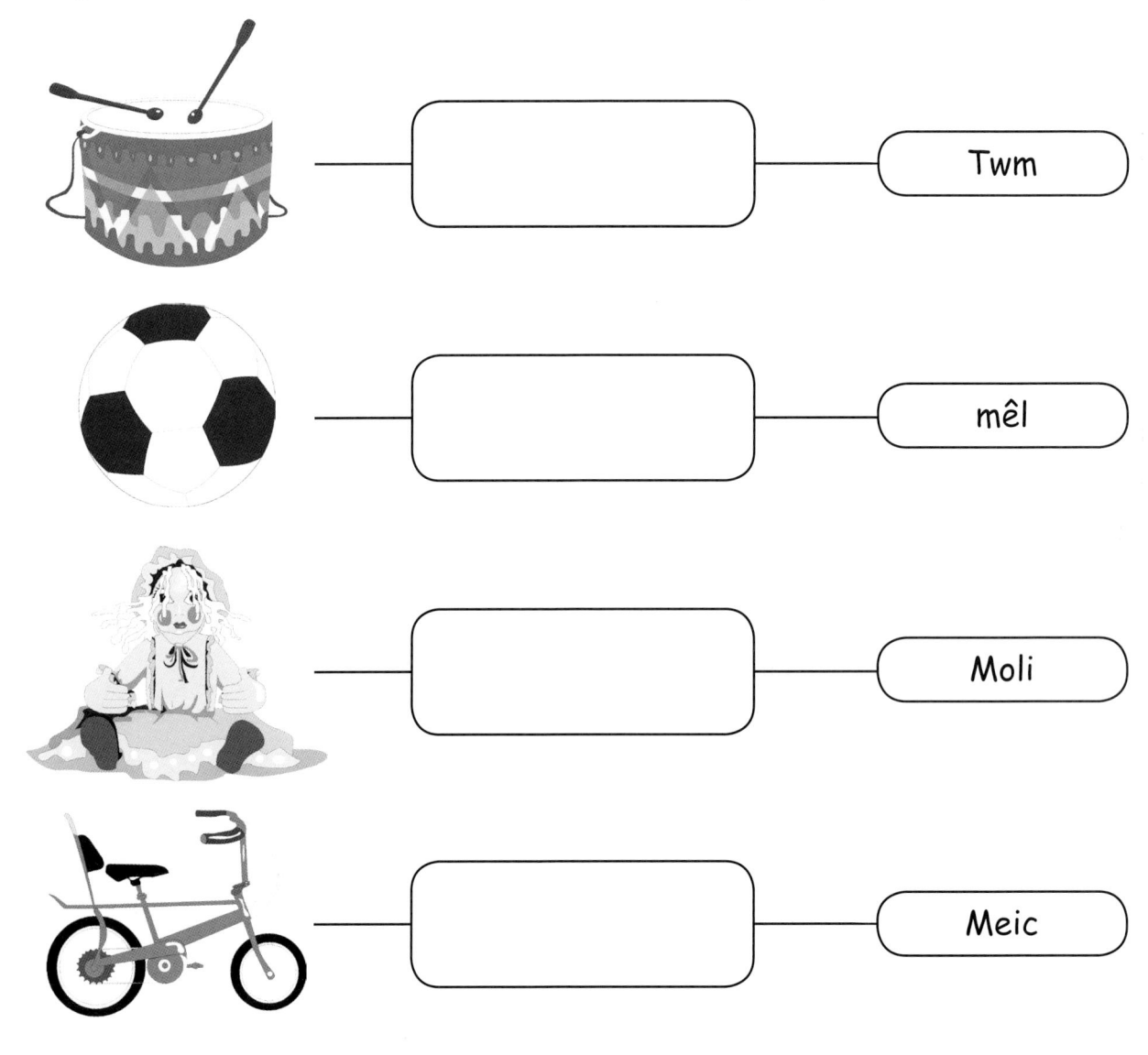

[   ] — Twm

[   ] — mêl

[   ] — Moli

[   ] — Meic

36

Odli gydag Odlau! 2
Odli

Enw: _____

Dyma fwy o eiriau sy'n odli o lyfr 'Morgan Wyn'.

Meddylia am air sy'n odli gyda Nain. Dyma rai, ceisia feddwl am fwy:

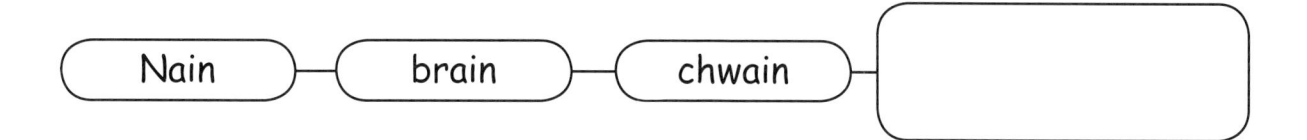

Nain — brain — chwain — ☐

Ceisia feddwl am air sy'n odli gyda **gwyn**. Mae rhai wedi eu gwneud yn barod, ceisia feddwl am fwy:

gwyn — bryn — ☐

Beth am feddwl am fwy o odlau ar gyfer:

troi — cnoi — ☐

cysgu — dysgu — ☐

llaw — glaw — ☐

Chwilio am y To Bach! 1
Yr acen grom

Enw: _____

Mae Morgan Wyn yn byw mewn tŷ bach cysurus iawn.
Mae to ar ben tŷ Morgan Wyn.

Mae to ar ben llawer o eiriau sydd yn stori Morgan Wyn. Dyma rai:

ffôn   cân   mêl   sêr   sŵn

Ceisia ddweud y geiriau yma'n uchel.

Edrycha ar yr un geiriau eto, does dim to bach ar y geiriau yn awr.

ffon   can   mel   ser   swn

Ceisia ddweud y geiriau yma heb y to bach! Beth sydd wedi digwydd?
Ydy'r geiriau sydd gyda'r to bach yn swnio'n eiriau hir iawn?

Chwilio am y To Bach! 2
Yr acen grom

Enw: _____

Darllena'r geiriau sydd yn y cwmwl yn uchel.

Enw arall ar y to bach yw **acen grom**. Mae acen grom ar bob un gair yn y cwmwl. Mae'r acen grom yn gwneud y geiriau swnio'n hir hir.

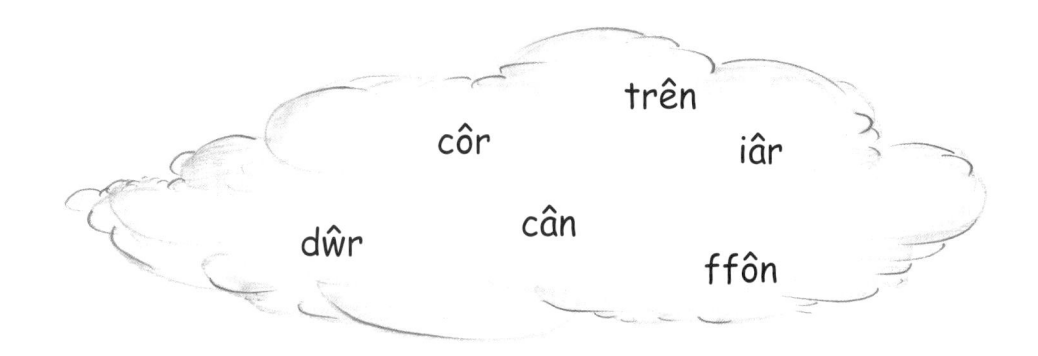

trên côr iâr dŵr cân ffôn

Ble mae'r acen grom ar y geiriau yma? Rho'r acen grom yn y lle cywir.

ffon **bran** **tan** **iar**

dwr **sgwar** **hufen ia** **gwen**

39

Defnyddio Dyfynodau 1
Dyfynodau

Enw: _____

Mae'r **dyfynodau** " " wedi mynd ar goll yn y brawddegau yma.

Defnyddia dy bensiliau lliw i roi'r dyfynodau yn eu lle.

Pam mae Morgan Wyn yn methu cysgu?   meddai Mam.

Ble mae Mali wedi mynd?   gwaeddodd Dad.

Ydy Nain Aberdaron yn hen?   holodd Morgan.

Oes cymylau yn yr awyr, Nain?   gofynnodd Morgan.

Defnyddio Dyfynodau 2
Dyfynodau

Enw: _____

Mae'r **dyfynodau " "** wedi mynd ar goll yn y brawddegau yma. Fedri di eu rhoi yn y lle iawn?

Gofynnodd Morgan,   Ydy pawb wedi clywed symffoni'r sêr?

Roedd Morgan Wyn eisiau gofyn,   Ydw i'n fachgen da?

Clywodd Nain Morgan yn dweud,   Mae symffoni'r sêr yn brydferth.

Wrth eistedd ar y cwmwl glaw dywedodd Morgan,
Mae'r cymylau fel gwlân cotwm!

Symffoni'r Sêr
Trosolwg o'r Taflenni Gwaith

Teitl	Pwnc	Disgrifiad
Ble Mae'r c?	Adnabod llythrennau	Lliwio a chylchu'r llythyren c
Ble Mae'r t?	Adnabod llythrennau	Lliwio a chylchu'r llythyren t
Ble Mae'r o?	Adnabod llythrennau	Lliwio a chylchu'r llythyren o
Ble Mae'r ch?	Adnabod llythrennau	Lliwio a chylchu'r llythyren ch
Ble Mae'r ff?	Adnabod llythrennau	Lliwio a chylchu'r llythyren ff
Hwyl gyda'r Llythrennau 1	Ysgrifennu llythrennau	Ffurfio llythrennau c, o, a, d, l, ll, h, b, t
Hwyl gyda'r Llythrennau 2	Ysgrifennu llythrennau	Ffurfio llythrennau i, e, f, ff, m, n, r, u, w
Hwyl gyda'r Llythrennau 3	Ysgrifennu llythrennau	Ffurfio llythrennau g, y, j, p, ng, ph, th, rh
Llythrennau Mawr 1	Cyfatebu llythrennau a phriflythrennau	Cyfatebu llythrennau a phriflythrennau
Llythrennau Mawr 2	Cyfatebu llythrennau a phriflythrennau	Cyfatebu llythrennau a phriflythrennau
Geiriau Gwneud	Berfau	Torri a gludio berfau a'u rhoi o dan y lluniau
Yr Wyddor 1	Yr Wyddor	Llenwi'r llythrennau coll yn y Wyddor
Yr Wyddor 2	Trefn yr Wyddor	Rhoi enwau offerynnau yn nhrefn yr Wyddor

Ble Mae'r c?
Adnabod llythrennau

Enw: _____

Lliwia'r cymylau sy'n cynnwys y llythyren c gyda phensil lliw.

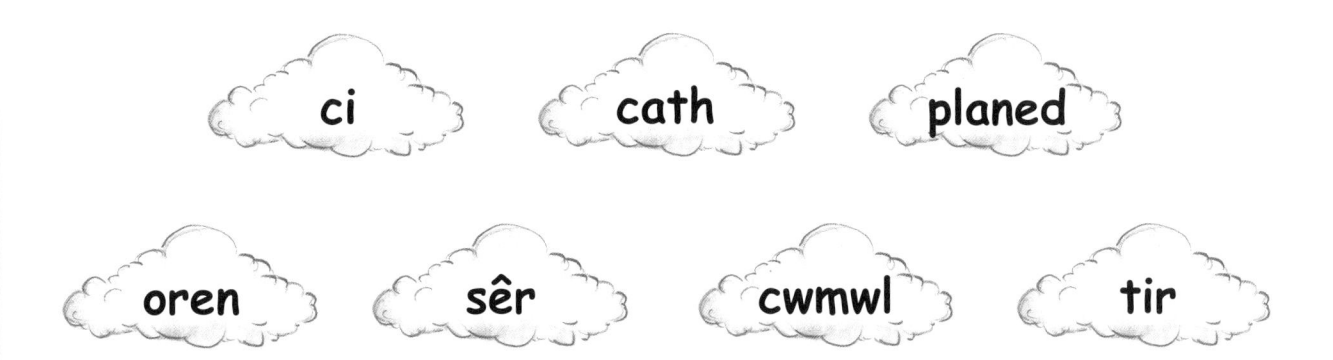

ci   cath   planed

oren   sêr   cwmwl   tir

Fedri di roi cylch o amgylch y llythyren c yn y geiriau yma?
Mae'r cyntaf wedi ei wneud yn barod.

bo(c)s

cysgu

sioc

clymu

clec

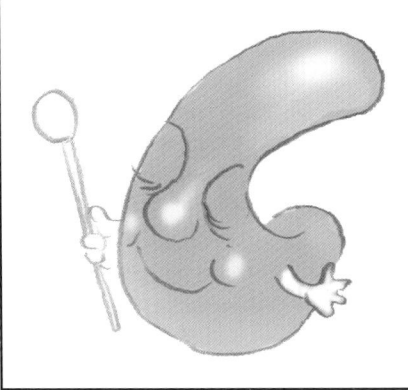

Ble Mae'r t?
Adnabod llythrennau

Enw: _____

Lliwia'r cymylau sy'n cynnwys y llythyren t gyda phensil lliw.

taro   drwm   haf

twiba   halen   trombôn   cloch

Fedri di roi cylch o amgylch y llythyren t yn y geiriau yma? Mae'r cyntaf wedi ei wneud yn barod.

(t)i r

m a t e r

c l a r i n e t

t a m b o r î n

h e t

44

Ble Mae'r o?
Adnabod llythrennau

Enw: _____

Lliwia'r cymylau sy'n cynnwys y llythyren o gyda phensil lliw.

- oren
- trwmped
- sielo
- bwced
- pedol
- rhaw
- offeryn

Fedri di roi cylch o amgylch y llythyren o yn y geiriau yma?
Mae'r cyntaf wedi ei wneud yn barod.

cl(o)ch

troi

odli

taro

obo

Ble Mae'r ch?
Adnabod llythrennau

Enw: _____

Lliwia'r cymylau sy'n cynnwys y llythyren ch gyda phensil lliw.

bach   corn   offeryn

chwerthin   fiola   chwilen   trwmped

Fedri di roi cylch o amgylch y llythyren ch yn y geiriau yma?
Mae'r cyntaf wedi ei wneud yn barod.

(ch)wythu

parch

chwech

chwarae

llachar

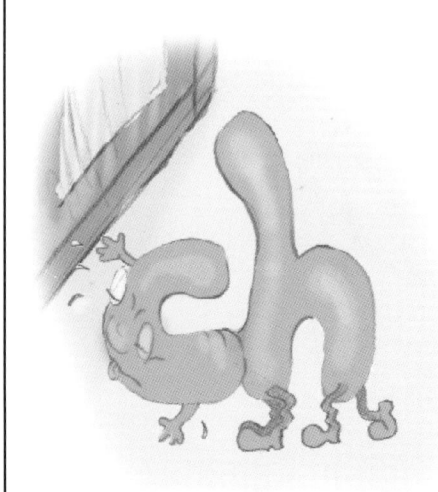

Ble Mae'r ff?
Adnabod llythrennau

Enw: _____

Lliwia'r cymylau sy'n cynnwys y llythyren ff gyda phensil lliw.

- ffenest
- fan
- traed
- diwrnod
- ffon
- stori
- ffrind

Fedri di roi cylch o amgylch y llythyren ff yn y geiriau yma?
Mae'r cyntaf wedi ei wneud yn barod.

sym(ff)oni

ffwdan

llofft

rhaffau

deffro

Hwyl gyda'r Llythrennau 1
Ysgrifennu llythrennau

Enw: _____

Fedri di ysgrifennu'r llythrennau cywir wrth ymyl pob un o'r lluniau?

c c _____

o o _____

a a _____

d d _____

l l _____

ll ll _____

h h _____

b b _____

t t _____

48

Hwyl gyda'r Llythrennau 2
Ysgrifennu llythrennau

Enw: _____

Fedri di ysgrifennu'r llythrennau cywir wrth ymyl pob un o'r lluniau?

i i _____

e e _____

f f _____

ff ff _____

m m _____

n n _____

r r _____

u u _____

w w _____

Hwyl gyda'r Llythrennau 3
Ysgrifennu llythrennau

Enw: _____

Fedri di ysgrifennu'r llythrennau cywir wrth ymyl pob un o'r lluniau?

g g

y y

j j

p p

ng ng

ph ph

th th

rh rh

Llythrennau Mawr 1
Cyfatebu llythrennau a phriflythrennau

Enw: _____

Mae'r llythrennau wedi colli eu partneriaid. Fedri di dynnu llinell o'r llythyren fach i'r llythyren fawr? Mae'r un cyntaf wedi ei wneud yn barod.

c — C

o
d
l
h
b
t
g
p
y
a

A
D
T
P
Y
H
G
L
O
B

Llythrennau Mawr 2
Cyfatebu llythrennau a phriflythrennau

Enw: _____

Mae'r llythrennau wedi colli eu partneriaid. Fedri di dynnu llinell o'r llythyren fach i'r llythyren fawr? Mae'r un cyntaf wedi ei wneud yn barod.

ch	Ff
ng	Dd
(ph) ————————	Ll
th	(Ph)
rh	Ch
ll	Ng
ff	Rh
dd	Th

52

Geiriau Gwneud
Berfau

Enw: _____

Mae berf yn disgrifio rhywbeth mae rhywun (neu rywbeth) yn ei wneud. Enghreifftiau o ferfau yw:

rhedeg   **chwysu**   **tynnu**   **gweiddi**   **gwthio**

Fedri di dorri'r blychau sydd ar waelod y dudalen hon a'u gludio o dan y lluniau cywir. Mae'r cyntaf wedi ei wneud yn barod.

rhedeg _____   _____

_____   _____   _____

gweiddi	meddwl
tynnu	chwysu
gwthio	

Yr Wyddor 1
Yr Wyddor

Enw: _____

Llenwa'r cymylau gyda llythrennau coll yr Wyddor.

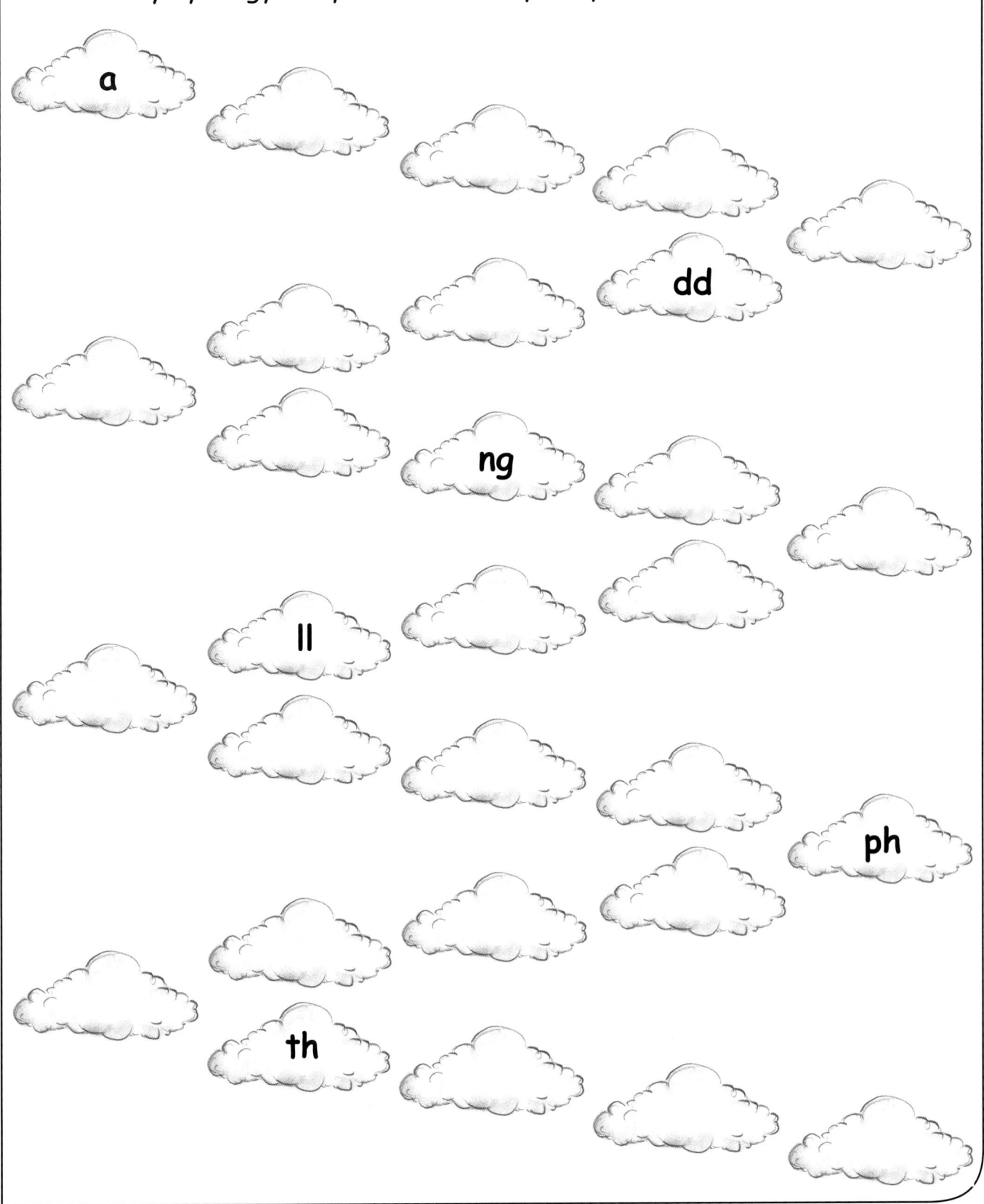

a

dd

ng

ll

ph

th

Yr Wyddor 2
Trefn yr Wyddor

Enw: _____

Rho'r geiriau hyn yn nhrefn yr Wyddor. Mae'r Wyddor ar waelod y dudalen i'th helpu.

symbalau   **clarinet**   **obo**

fiola   **basŵn**   **triongl**

_____

_____

_____

_____

_____

_____

| a | b | c | ch | d | dd | e | f | ff | g | ng | h | i | j | l |
| ll | m | n | o | p | ph | r | rh | s | t | th | u | w | y |

Syrpreis Morgan Wyn
Trosolwg o'r Taflenni Gwaith

Teitl	Pwnc	Disgrifiad
Geiriau Disgrifio 1	Ansoddeiriau	Cyflwyno ansoddeiriau
Geiriau Disgrifio 2	Ansoddeiriau	Cylchu ansoddeiriau
Geiriau Disgrifio 3	Ansoddeiriau	Cyfnewid ansoddeiriau mewn brawddeg
Geiriau Disgrifio 4	Ansoddeiriau	Dewis ansoddair cywir o'r grid
Dechrau Enw neu Frawddeg 1	Priflythrennau	Cyflwyno priflythrennau
Dechrau Enw neu Frawddeg 2	Priflythrennau	Ailysgrifennu brawddegau gan ychwanegu priflythrennau
Atalnodi 1	Dyfynodau	Cyflwyno dyfynodau
Atalnodi 2	Ebychnodau	Cyflwyno ebychnod
Atalnodi 3	Gofynodau	Cyflwyno gofynnod ac ymarfer ei ffurfio
Atalnodi 4	Gofynodau	Cwestiynau - dewis geiriau a gosod gofynnod
Atalnodi 5	Gofynodau	Dewis rhwng gofynnod neu atalnod llawn i orffen brawddeg
Negyddol 1	Negyddol	Cylchu brawddegau negyddol
Negyddol 2	Negyddol	Newid brawddegau o fod yn gadarnhaol i fod yn negyddol
Negyddol 3	Negyddol	Rhannu brawddegau yn ddwy set - rhai cadarnhaol a rhai negyddol
Dechrau brawddeg 1	Geiriau dechrau brawddeg	Defnyddio geiriau penodol i ddechrau brawddeg
Dechrau brawddeg 2	Geiriau dechrau brawddeg	Dewis y gair cywir o restr o eiriau i ddechrau brawddeg
Defnyddia dy Ddychymyg 1	Creadigrwydd	Ysgrifennu stori am Morgan Wyn gyda dechrau penodol
Defnyddia dy Ddychymyg 2	Creadigrwydd	Ysgrifennu stori am Morgan Wyn gyda diwedd penodol

Geiriau Disgrifio 1
Ansoddeiriau

Enw: _____

Geiriau sy'n disgrifio rhywbeth neu rywun yw **ansoddeiriau**.

Roedd Morgan Wyn yn teimlo'n **drist**.

Mae **trist** yn ansoddair. Dyma ansoddeiriau eraill:

mawr

coch

Fedri di feddwl am ansoddeiriau eraill?

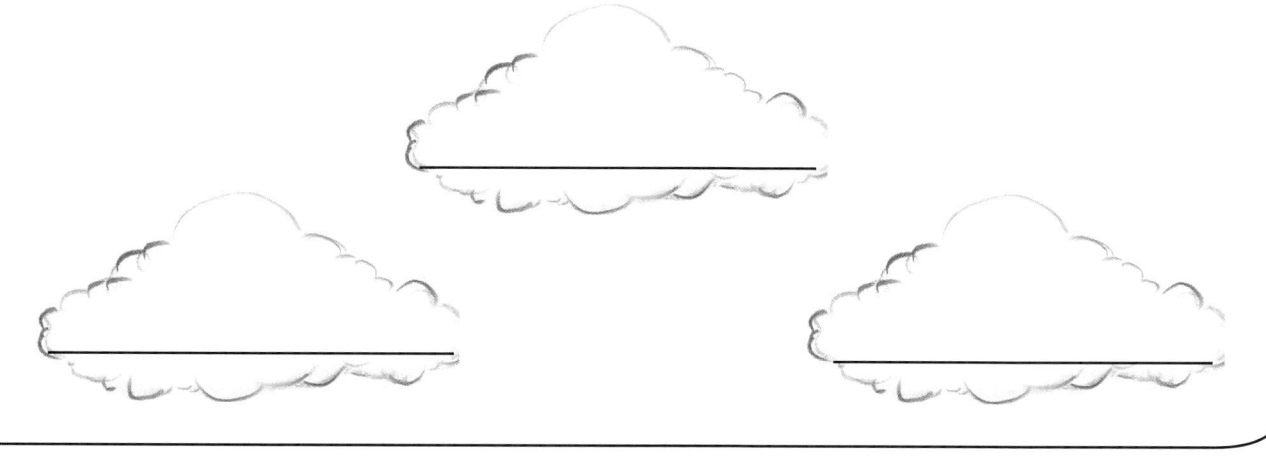

Geiriau Disgrifio 2
Ansoddeiriau

Enw: _____

Darllena'r brawddegau ac yna rho gylch am yr **ansoddeiriau**.

Mae Morgan Wyn yn canu yn y bath gwyn.

Mae Morgan Wyn yn cysgu yn y gwely bach.

Mae Morgan Wyn yn bwyta cacen flasus.

Geiriau Disgrifio 3
Ansoddeiriau

Enw: _____

Beth am newid yr **ansoddeiriau** gyda gair arall?

Fel hyn:

Mae Morgan Wyn yn fachgen mawr.
Mae Morgan Wyn yn fachgen bach.

Mae mam yn hapus.

_____

Roedd y babi yn fach iawn.

_____

Geiriau Disgrifio 4
Ansoddeiriau

Enw: _____

Defnyddia'r geiriau ar waelod y dudalen i ddisgrifio'r hyn yr wyt yn ei weld yn y lluniau.

tedi _____

babi _____

pêl _____

esgidiau _____

wyneb _____

bachgen _____

| blewog | trist | byr |
| hapus | smotiog | bach |

Dechrau Enw neu Frawddeg 1
Priflythrennau

Enw: _____

1. Mae'n rhaid cofio **priflythyren** ar ddechrau brawddeg.

2. Mae'n rhaid cofio priflythyren ar ddechrau enw.

Rho gylch o amgylch pob priflythyren. Fel hyn:

(M)ae (M)organ (W)yn yn hapus.

Mae mam Morgan Wyn yn mynd i gael babi.

Dydy Morgan Wyn ddim eisiau babi newydd.

Roedd e'n hoffi chwarae gyda Twm drws nesaf!

Doedd o ddim yn hoffi canu a dawnsio fel Non drws nesaf.

Dechrau Enw neu Frawddeg 2
Priflythrennau

Enw: _____

Ailysgrifenna'r brawddegau isod gan gofio bod angen **priflythyren** ar ddechrau enw a phob brawddeg.

Fel hyn:

(r)oedd (m)organ (w)yn yn chwarae'n brysur.

Roedd Morgan Wyn yn chwarae'n brysur.
_____

roedd morgan wyn yn hoffi non.

_____ .

roedd morgan wyn eisiau trwyn fel twm.

_____ .

haf yw chwaer fach morgan wyn.

_____ .

62

Atalnodi 1
Dyfynodau

Enw: _____

Pan fydd rhywun yn siarad rhaid defnyddio **dyfynodau**.

Fel hyn:

" Helo! "

Chwilia am y dyfynodau yn y brawddegau yma a rho gylch o'u hamgylch nhw.

Fel hyn...

"Wel", meddai dad, "Rydyn ni'n mynd i gael babi bach".

"Morgan!" meddai mam, "Tyrd lawr i'r fan hyn!"

"Ych a fi!" meddai Morgan Wyn, "Dydw i ddim eisiau babi bach."

"Brecwast?" meddyliodd Morgan, "Dydw i ddim eisiau brecwast!"

Atalnodi 2
Ebychnodau

Enw: _____

Pan fydd rhywun wedi cael syrpreis neu wedi dychryn rhaid defnyddio **ebychnod**.

!

Fel hyn:

"Bobol bach!"

Rho gylch o amgylch pob ebychnod.

"Ych a fi!" meddyliodd Morgan Wyn.

"Morgan!" gwaeddodd Mam.

Efallai daw'r babi o'r sw!

Siarc! Rhedwch i ffwrdd!

Atalnodi 3
Gofynodau

Enw: _____

Pan fydd rhywun yn gofyn cwestiwn rhaid defnyddio **gofynnod**:

?

Defnyddia bensiliau lliw i fynd dros y gofynodau hyn.

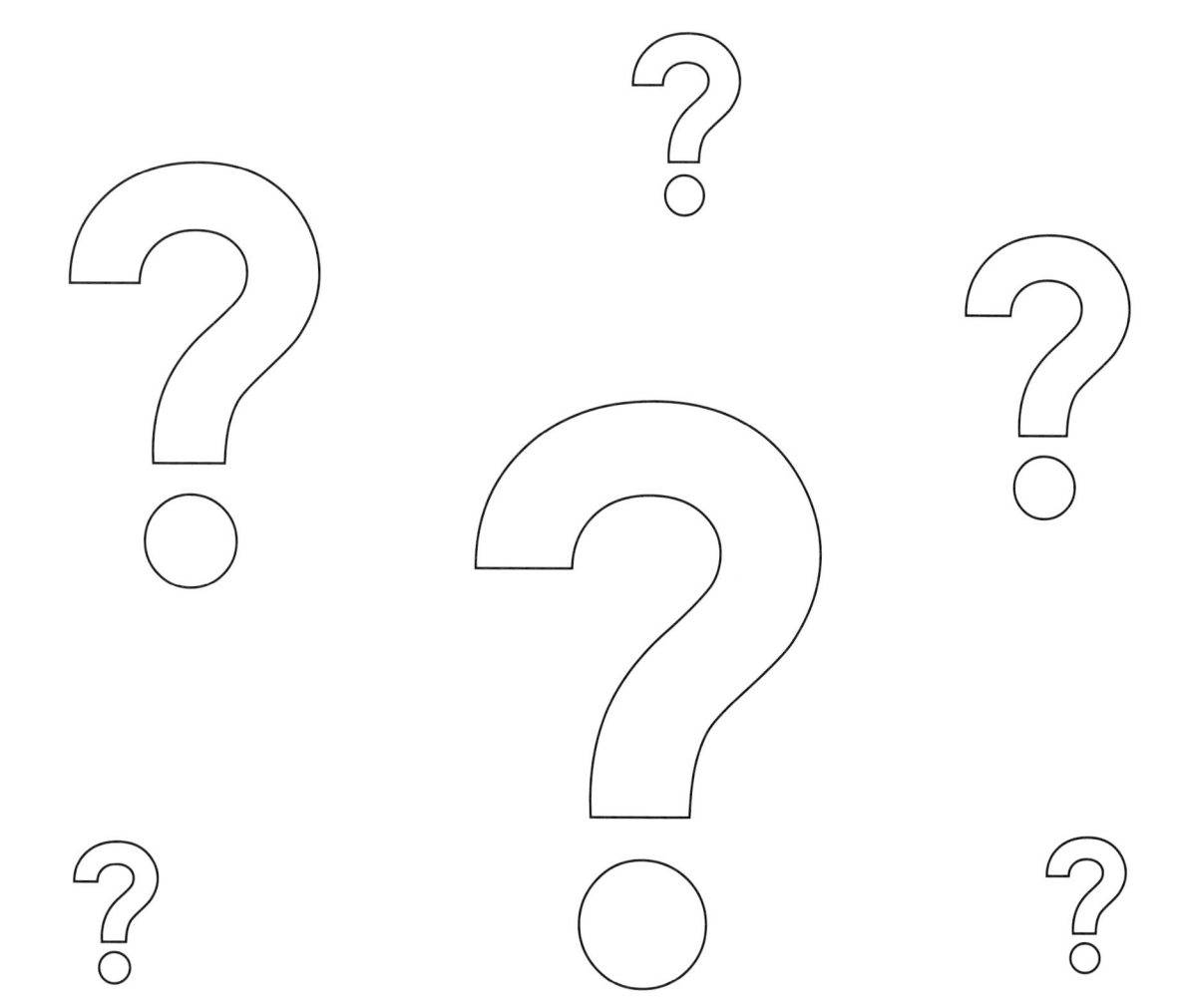

Atalnodi 4
Gofynodau

Enw: _____

Rhaid defnyddio geiriau arbennig i greu cwestiynau. Dyma rai ohonyn nhw.

Sut?   **Pam?**   **Oes?**   **Pryd?**

Dewisa un i'w roi ar ddechrau'r frawddeg. Mae'r cyntaf wedi ei wneud i ti. Cofia roi gofynnod ar y diwedd hefyd.

Oes gen ti frawd bach?

_____ mae Morgan yn drist ___

_____ mae'r babi newydd yn cyrraedd ___

_____ mae Mam yn dod adref ___

66

Atalnodi 5
Gofynodau

Enw: _____

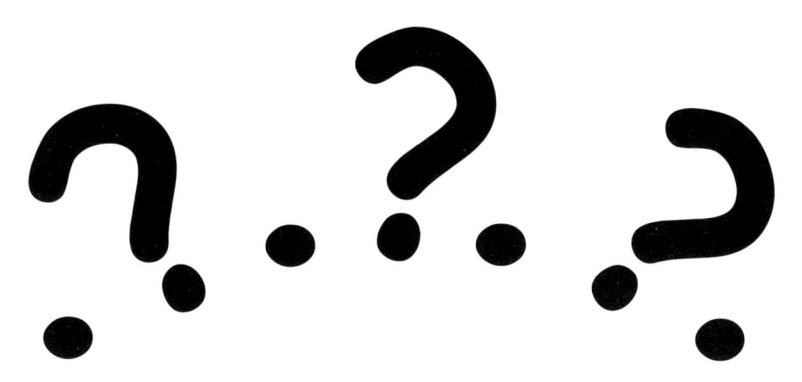

Rho atalnod llawn neu ofynnod ar ddiwedd y brawddegau yma.

Fel hyn:

Oes gen ti fabi bach **?**

Mae gen i frawd **.**

Mae Morgan yn crïo ___

Pam mae Morgan yn crïo ___

Rydw i eisiau chwaer fach ___

Wyt ti eisiau brawd bach ___

Sut wyt ti heddiw ___

Negyddol 1
Negyddol

Enw: _____

Dyma restr o frawddegau. Rho gylch o amgylch y rhai negyddol.

Mae Mam yn hapus.

Dydy Morgan ddim yn hapus.

Does dim babi yn nhŷ Morgan Wyn.

Dydw i ddim yn hoffi cŵn.

Rydw i'n hoffi cathod.

Negyddol 2
Negyddol

Enw: _____

Newidia'r brawddegau yma i fod yn rhai negyddol. Fel hyn:

Roedd Morgan Wyn yn hapus.

Doedd Morgan Wyn ddim yn hapus.

Roedd Morgan Wyn eisiau chwaer fach.

_____.

Roedd Morgan eisiau bwyd.

_____.

Roedd Morgan yn hoffi dawnsio.

_____.

Negyddol 3
Negyddol

Enw: _____

Torra'r brawddegau gyda siswrn a'u rhannu'n ddwy set, negyddol a chadarnhaol. Yna gludia nhw ar y grid isod.

Cadarnhaol	Negyddol

Does dim bwyd yn y tŷ.	Roedd gan Morgan Wyn lygaid glas.
Doedd gan Morgan ddim gwallt melyn.	Doedd gan Morgan ddim llygaid glas.
Roedd Morgan yn hapus.	Roedd gan Morgan wallt melyn.
Doedd Morgan ddim yn hapus.	Mae bwyd yn y tŷ.

Dechrau Brawddeg 1
Geiriau dechrau brawddeg

Enw: _____

Mae nifer o ffyrdd i ddechrau brawddeg. Dyma rai esiamplau:

- Dyma
- Rydw i
- Roedd
- Mae
- Es i
- Aeth

Beth am ysgrifennu brawddeg gan ddefnyddio pob un o'r rhain.

1. Dyma _____ .

2. _____ .

3. _____ .

4. _____ .

5. _____ .

6. _____ .

Ceisia feddwl am eiriau newydd i ddechrau brawddeg.

_____

Dechrau Brawddeg 2
Geiriau dechrau brawddeg

Enw: _____

Dewis y gair cywir i ddechrau pob brawddeg.

Roedd   **Deffrodd**   **Aeth**

Cysgodd   **Doedd**   **Roedd**

1. _____ Morgan yn cysgu'n sownd.

2. _____ i'r gwely am saith o'r gloch.

3. _____ Morgan ddim eisiau babi newydd.

4. _____ tan y bore.

5. _____ yn ei wely.

6. _____ Morgan yn hoffi ei chwaer newydd.

Defnyddia dy Ddychymyg 1
Creadigrwydd

Enw: _____

Gorffenna'r stori newydd yma am Morgan Wyn.

Ydy'r stori newydd yn mynd i fod yn drist, hapus, cyffrous neu ddiflas?

Roedd Morgan Wyn yn cysgu'n sownd yn ei wely. Yn sydyn clywodd sŵn rhyfedd, sŵn fel _____

_____

_____

_____

_____

_____

_____

_____

_____

_____

Defnyddia dy Ddychymyg 2
Creadigrwydd

Enw: _____

Dyma ddiwedd gwahanol i stori Morgan Wyn.

> Doedd Morgan Wyn ddim yn credu'r hyn oedd wedi digwydd! Y noson honno aeth Morgan Wyn i'w wely yn drist iawn iawn.

Ysgrifenna'r stori newydd a'i gorffen gyda'r geiriau hyn.

_____
_____
_____
_____
_____
_____
_____
_____
_____

Syniadau am Weithgareddau Ymarferol yn y Dosbarth

Teitl	Tud.
Plant y Cnau	76
Morgan Wyn	80
Symffoni'r Sêr	86
Syrpreis Morgan Wyn	91

Gwisgo Ben y Cawr a Chofio Cwpledi

Mae cofio a dweud cwpledi yn ffordd ardderchog o gael disgyblion i ymarfer ac i feddwl am gwpledi newydd. Bwriad y gweithgaredd hwn yw ysgogi'r disgyblion ifanc i fwynhau ac i greu cwpledi eu hunain, a'u defnyddio yn eu gwaith ysgrifenedig. Ar ôl chwarae'r gêm, y gobaith yw y bydd y disgyblion yn gallu ei defnyddio'n annibynnol yn y dosbarth i atgyfnerthu'r defnydd o odlau, ac i greu rhai newydd.

1. Rhoi llun o gawr ar gerdyn A4.
2. Lamineiddio'r cardiau cawr, a datblygu digon ohonynt ar gyfer grŵp o 4 o blant.
3. Chwilio am luniau dillad amrywiol ar y we neu allan o gylchgronau.
4. Rhoi llun o ddillad cawr ar gardiau unigol. E.e. , sgidiau, menig, trowsus a siaced cawr, a lamineiddio'r llun.
5. Gofalu bod 4 siaced, 4 pâr o sgidiau, 4 trowsus a 4 pâr o fenig yn y pecyn ar gyfer chwarae'r gêm gyda grŵp o 4 o blant.
6. Ysgrifennu'r cwpledi sy'n odli allan o lyfr Ben y Cawr i helpu'r disgyblion i gofio'r cwpledi.

Rheolau:
- Rhoi 4 llun o gawr i bob grŵp.
- Rhoi pecyn o ddillad cawr i bob grŵp (4 o bob dilledyn).
- Rhoi cerdyn cwpledi yn y pecyn i helpu'r grŵp i gofio a dweud y cwpledi.
- Rhoi dis a chwpan i bob grŵp.
- Gofyn i'r plant daflu'r dis, gan egluro i'r plant mai'r cyntaf i daflu'r dis a chael 6 sydd yn cael dechrau'r gêm.
- Egluro y bydd y plentyn yma'n cael dewis darn o ddilledyn ar gyfer gwisgo'r cawr.
- Gofyn i'r plentyn adrodd y cwpled sydd yn cyd-fynd gyda'r dilledyn sydd ar gerdyn y disgybl. E.e. os oes llun menig mae'n rhaid adrodd y cwpled - "Mae menig Ben y Cawr fel pâr o sachau mawr" ac ati.
- Y plant yn cymryd eu tro i daflu'r dis eto nes y bydd rhywun arall wedi taflu rhif 6.
- Yna bydd y plentyn hwnnw'n dewis dilledyn ac yn ceisio dweud y cwpled sydd yn cyd-fynd â'r dilledyn.
- Bydd pawb yn cael cyfle i ddilladu'r cawr, ond y cyntaf i ddilladu'r Cawr sydd yn ennill y gêm.

Gêm Ansoddeiriau

Bwriad y gêm yma yw rhoi'r cyfle i'r disgyblion ymarfer defnyddio ansoddeiriau mewn ffordd hwyliog ac anffurfiol. Ar ôl chwarae'r gêm unwaith, dylai'r disgyblion allu ei chwarae'n annibynnol, ar adegau gwahanol yn ystod y dydd, ac ar ôl gorffen gwaith ffurfiol.

Cam 1
- Gwneud llun o gawr neu Ben y Cawr ar bapur.
- Torri chwe darn o bapur yn igam ogam.
- Rhoi "Blue tack" ar gefn y darnau igam ogam.
- Rhifo'r darnau o 1 i 6.

Chwarae'r gêm
- Dangos llun o Ben i grŵp o blant.
- Gorchuddio'r llun o Ben gyda'r darnau papur igam ogam.
- Mae'r plentyn cyntaf yn rholio'r dis.
- Y plentyn cyntaf i weiddi ansoddair sydd yn disgrifio Ben.
- Os yw'n gweiddi ansoddair addas gall godi'r darn papur â'r un rhif.
- Yna mae'r plentyn nesaf yn rholio'r dis.
- Ailadroddir y broses tan bod llun Ben yn glir.

Mynd i Hela Cnau

Dyma gyfle ardderchog i'r plant ymarfer defnyddio arddodiaid yn gywir, wrth fwynhau chwarae'r gêm "Mynd i Hela Cnau!"

Defnyddio arddodiaid

- Y plant i wneud lluniau o gnau a'u lliwio.

- Y plant i dorri'r cnau allan a'u rhoi mewn blwch.

Gwneud llun o goedwig

- Y plant i wneud llun o goedwig sy'n cynnwys: ogof Ben y Cawr, coed, blodau, anifeiliaid, dail, creigiau, afon.

- Y plant i gasglu cnau o'r blwch a'u gosod yn ymyl gwrthrych o'u dewis, e.e. "Mae'r gneuen wrth ymyl yr afon."

- Mae'r plant yn cael dewis gosod y cnau mewn lleoedd gwahanol ac yn defnyddio arddodiaid yn naturiol drwy wneud y dasg.

Arddodiaid
o dan
uwchben
wrth ymyl
rhwng
ar ben

Chwarae Rôl

Gyda dyfodiad y Cyfnod Sylfaen yng Nghymru, y mae pwyslais arbennig ar chwarae rôl i ddatblygu sgiliau cymdeithasol y disgyblion ac i hybu sgiliau siarad a gwrando a gweithio'n greadigol.

- Y plant i wneud llun cefndir ar gyfer stori Ben y Cawr.

- Y plant i wneud lluniau unigol o Ben y Cawr a Phlant y Cnau (awgrymu tua 4 o Blant y Cnau) a'u lliwio.

- Y plant i ludio ffon lolipop ar gefn y llun fel bod traean y ffon i'w weld o dan y cymeriad.

- Y plant i chwarae rôl, ac i greu stori newydd ar gyfer Plant y Cnau gyda'r pypedau a'r llun yn gefndir i'r cyfan.

Brawddegau Byw

Gallwch gael llawer o hwyl yn y dosbarth gyda'r gêm "Brawddegau Byw". Mae'n ffordd ardderchog i ymarfer adeiladu brawddegau ac i hybu atalnodi cywir. Gallwch chwarae'r gêm gyda brawddegau allan o drawstoriad o lyfrau dosbarth ac ar gyfer pob oedran.

- Creu cardiau atalnodi gweladwy, sydd yn ddigon mawr i blant allu gafael ynddynt a'u dangos i weddill y dosbarth.

- Ysgrifennu brawddegau ar gardfwrdd a'u torri allan fesul gair.

- Gofyn i grŵp o blant sefyll o flaen y dosbarth a chymysgu'r frawddeg.

- Y plant i ddangos y frawddeg gymysglyd i weddill y dosbarth.

- Gofyn i'r dosbarth geisio meddwl am drefn synhwyrol ar gyfer y frawddeg.

- Gofyn wedyn beth sydd ar goll yn y frawddeg. Oes angen atalnod llawn? Oes angen marc cwestiwn? Oes angen ebychnod?

- Rhoi cardiau atalnodi i grŵp o blant a gofyn iddynt roi trefn ar yr atalnodi, drwy sefyll yn y man iawn.

- Gofyn i'r plant ddweud y frawddeg yn uchel gyda'i gilydd ar y diwedd.

Dyma rai brawddegau addas ar gyfer chwarae'r gêm yma allan o stori Morgan Wyn.

- "Beth wnawn ni?" meddai mam Morgan. "Edrych arno, mae o'n gorwedd ar sil y ffenest".

- "Be sy'n bod ar y blewyn bach?" meddai Nain.

- "O! Mam bach!" meddai Nain. "Mae'n rhaid imi gael gorffwys, dw i wedi colli fy ngwynt, Morgan Bach!"

Berfau Morgan Wyn

Trwy chwarae'r gêm "Berfau Morgan Wyn" bydd y disgyblion yn gallu ymarfer defnyddio berfau mewn sefyllfaoedd amrywiol ac anffurfiol. Y gobaith yw y bydd chwarae gyda berfau'n cyfoethogi eu gwaith ysgrifenedig.

Gallwch annog y plant i ddefnyddio'r gêm pan fydd amser rhydd ganddynt ar ôl gorffen gwaith.

- Torri lluniau o bobl yn gwneud gwahanol bethau (e.e. cerdded, rhedeg) allan o gylchgronau.

- Paratoi dwy fasged neu ddau focs ar gyfer y dosbarth, un i ddal y lluniau o bobl yn gwneud gwahanol bethau, a'r llall ar gyfer **berfau** – geiriau sy'n dweud beth mae pobl yn ei wneud, e.e. cerdded, rhedeg, nofio, dawnsio ac ati.

- Gofyn i grŵp o 4 plentyn ddewis lluniau o'r fasged a chwilio am y berfau sy'n cyfateb i'r lluniau o'r fasged arall.

- Gofyn iddynt wedyn greu brawddegau llawn ar gyfer y lluniau, gan ddefnyddio'r berfau cywir bob tro.
  Er enghraifft: **Rhedodd y bachgen dros ben y wal.**

- Gosod amser penodedig i gwblhau'r dasg.

- Mae'n bosib gwneud y gweithgaredd gyda nifer o grwpiau bychain ar y tro.

- Gofyn i'r grwpiau adrodd yn ôl ar lafar i weddill y dosbarth.

Dyma rai berfau addas allan o lyfr Morgan Wyn:

Daliodd   Gafaelodd   Llyfodd   Rhedodd   Neidiodd   Cydiodd   Tynnodd

Disgrifio 1

Mae disgrifio cymeriad, digwyddiad a lleoliad yn fanwl gywir yn grefft. Mae angen cryn dipyn o ymarfer er mwyn datblygu sgiliau sylwi. Wrth chwarae gemau disgrifio'n weddol gyson, fe ddaw'r disgyblion i ddeall y grefft ac i gyfoethogi eu gwaith ysgrifenedig.

Gellir gwneud y gweithgaredd yma gyda lluniau amrywiol oddi ar y we ac mewn cylchgronau.

- Dewis a thorri lluniau pobl ddiddorol allan o gylchgronau neu oddi ar y we.

- Paratoi canllawiau syml ar gyfer y grwpiau – er enghraifft:

    Cofiwch edrych ar y canlynol cyn disgrifio cymeriad

    GWALLT LLYGAID TRWYN CEG
    DWYLO TRAED CORFF DILLAD

- Y plant i weithio gyda phartner i ddisgrifio cymeriadau.

- Gofyn i'r disgyblion roi disgrifiadau o'r cymeriadau i'w partner ac i'r partner gael y cyfle i wneud yr un peth.

- Y plant i ddisgrifio tua 3 chymeriad cyn cwblhau'r dasg.

Disgrifio 2

Dyma gyfle ardderchog i ymarfer sgiliau sylwi a disgrifio'r disgyblion. Ceir cyfle hefyd i wrando, i ddyfalu, i fanylu ac i ofyn cwestiynau. Y mae'r cyfan yn atgyfnerthu gallu'r disgyblion i greu cymeriadau pan fydd gofyn iddynt ysgrifennu stori.

- Casglu lluniau o gymeriadau, siapiau neu offer allan o gylchgrawn neu oddi ar y we.

- Gofyn i'r disgyblion weithio mewn parau.

- Egluro i'r plant y bydd yn rhaid iddynt eistedd cefn wrth gefn.

- Egluro y bydd yn rhaid i un plentyn ddisgrifio'r llun i'w bartner ac y bydd yn rhaid i'w bartner geisio gwneud llun o'r person, siâp neu offer sydd yn cael ei ddisgrifio, ar ddarn o bapur glân.

- Gall y plentyn sydd yn gwneud llun holi a gofyn cwestiwn os yw'n dymuno, e.e. Oes gwallt hir ganddo/ganddi? Oes trwyn hir ganddo/ganddi?

- Gofyn i'r disgyblion orffen y dyfalu ac i'r partneriaid weld gwaith ei gilydd.

- Egluro y gallant newid drosodd a defnyddio lluniau newydd.

Chwarae Rôl

Gyda dyfodiad y Cyfnod Sylfaen yng Nghymru, y mae pwyslais arbennig ar chwarae rôl i ddatblygu sgiliau cymdeithasol y disgyblion ac i hybu sgiliau siarad a gwrando a gweithio'n greadigol.

- Dangos lluniau o fag breuddwydion Nain Aberdaron, allan o lyfr Morgan Wyn, i'r plant a gofyn iddynt ddyfalu beth sydd ynddo.

- Gosod bag mawr ar y llawr a gofyn i grŵp o blant i benderfynu beth i'w bacio i Nain ar gyfer ei thaith i'r de.

- Gweithio gyda grwpiau o dri neu bedwar o blant ar gyfer pacio bag Nain Aberdaron.

- Gofyn i'r plant sgwrsio gyda'i gilydd.

- Y plant i feddwl am:
  Beth fydd ei angen ar Nain yng Nghaerdydd?
  Beth am y glustog liwgar?
  Pam y mae Nain yn galw'r bag yn "fag breuddwydion?"
  Sut y mae cario breuddwydion?

- Gofyn i'r grŵp, pan fyddant wedi gorffen pacio, i rannu cynnwys y bag gyda gweddill y dosbarth.

- Gofyn am syniadau ychwanegol gan weddill y dosbarth.

- Rhoi papur siwgr ar y llawr a gofyn i'r plant wneud lluniau o'r holl bethau sydd eu hangen ar Nain Aberdaron yn y bag breuddwydion.

Cofio Breuddwydion

- Gwneud bag breuddwydion dosbarth syml allan o gotwm a chortyn a'i glymu.

- Gofyn i'r dosbarth os ydynt yn gallu cofio rhai o'u breuddwydion.

- Gofyn i'r disgyblion wneud lluniau o'u breuddwydion.

- Y disgyblion i roi lluniau o'u breuddwydion yn y bag breuddwydion.

- Pan fydd y lluniau i gyd yn y bag breuddwydion rhaid gofyn i'r plant ddewis llun o'r bag a'i gadw'n ofalus. Dweud wrth y disgyblion am beidio ag edrych ar y lluniau yn syth.

- Pan fydd y plant i gyd wedi dewis llun, rhaid gofyn i'r disgyblion edrych yn ofalus ar y lluniau, a cheisio dyfalu beth yw stori'r freuddwyd sydd yn y llun.

- Pan fydd y disgyblion i gyd wedi dewis llun ac wedi cael amser i ddyfalu stori'r llun, rhaid arwain y plant i rannu eu syniadau gyda gweddill y grŵp/dosbarth.

- Mae'n bosibl defnyddio'r lluniau, a syniadau llafar y plant, fel symbyliad i ysgrifennu brawddegau dosbarth i ddisgrifio'r lluniau breuddwydion yn nes ymlaen.

Gêm Lluniau a Geiriau

Mae'r plant yn cael cyfle i ddatblygu dealltwriaeth o berthynas llun a gair drwy chwarae'r gêm yma. Maent yn dod i adnabod priflythrennau ac yn dechrau sillafu geiriau newydd.

- Gofyn i'r plant dynnu lluniau o offerynnau cerdd Symffoni'r Sêr a'u lliwio, e.e. Trwmped, Corn Ffrengig, Tiwba.

- Y plant i dorri lluniau'r offerynnau o'r papur a'u cadw mewn bocs deniadol – "bocs lluniau lliwgar".

- Ysgrifennu enwau'r offerynnau ar gardiau unigol a'u rhoi mewn "bocs geiriau".

- Gofyn i'r plant weithio mewn parau neu grwpiau bychain.

- Gosod y bocs geiriau a'r bocs lluniau ar y bwrdd a gofyn i'r plant ddewis 4 llun o'r bocs lluniau.

- Gofyn i'r plant chwilio yn y bocs geiriau am y 4 enw sy'n cyfateb i'r lluniau.

- Gofyn i'r plant ynganu llythyren gyntaf y 4 gair o'r bocs geiriau.

- Gofyn i'r plant feddwl am eiriau eraill sydd yn dechrau gyda'r priflythrennau yma.

- Gadael i'r plant fynd ymlaen i enwi offerynnau eraill gan ddefnyddio'r "bocs lluniau" a'r "bocs geiriau".

Gêm yr Wyddor

Mae'r plant yn cael y cyfle i ddarllen ac adnabod geiriau a llythrennau a'u dosbarthu yn nhrefn yr Wyddor. Byddant yn cael copi o'r Wyddor ar y bwrdd i'w ddefnyddio fel sgaffald i wirio eu gwaith.

- Paratoi cardiau bach, gydag enwau a lluniau offerynnau Symffoni'r Sêr arnynt.

- Gofyn i'r plant weithio mewn parau i chwarae'r gêm.

- Dosbarthu cardiau bach y gêm i'r parau sydd yn barod i chwarae ac esbonio y bydd y plant yn cael 5 munud i chwarae'r gêm.

- Esbonio i'r parau y byddant yn gallu rhannu'r cardiau bach rhyngddynt ar y bwrdd cyn dechrau chwarae'r gêm.

- Gofyn i'r parau edrych ar y cardiau, a llythrennau cyntaf y geiriau sydd ar y cardiau, a'u dosbarthu ar y bwrdd yn nhrefn y Wyddor.

- Esbonio mai'r pâr cyntaf, neu'r unigolyn cyntaf, i gael yr uchafswm o eiriau yn nhrefn yr Wyddor, o fewn 5 munud, sydd yn ennill rownd gyntaf y gêm.

Beth sy'n Byw ar y Blaned?

"Mae'r blaned fach hon yn rhyfedd yn wir,
Â'i moroedd, â'i thyllau a mymryn o dir.
Dim golwg o blentyn, na dynes na dyn;
Dim 'deryn, pysgodyn, anifail – dim un.
Beth sy'n byw ar y blaned? Dyma'r ateb i ti –
Llythrennau, llythrennau, llythrennau di-ri."

Bydd y plant yn gorfod darllen pennill gyntaf y gerdd -"Symffoni'r Sêr," a defnyddio'u dychymyg i greu llun o'r blaned ryfeddol sydd yn llawn llythrennau!
Dyma gyfle iddynt ddarllen, neu glywed y gerdd, a meddwl yn greadigol, er mwyn dehongli'r wybodaeth sydd ynddi.

- Gofyn i'r plant weithio'n unigol neu'n barau, i wneud amlinelliad o blaned, a fydd yn ddigon mawr i ddal moroedd, tir a llythrennau di-ri!

- Y plant i wneud lluniau o foroedd a thir.

- Y plant i ysgrifennu llythrennau gyda phensiliau lliw gan ddefnyddio'r Wyddor gyfan fel sgaffald.

- Y plant i dorri eu lluniau o'r papur a'u gludio ar y blaned fawr.

Gwaith Ymestynnol:
- Dangos enwau gwledydd i'r plant ac i gyfeirio atynt ar fap o'r byd.

- Y plant i ddefnyddio'r llythrennau lliwgar i ddechrau enwau gwledydd.

- Y plant i ysgrifennu enwau'r gwledydd gyda phensiliau lliw a'u torri o'r papur er mwyn eu gludio ar y blaned fawr.

Chwarae gyda Geiriau

Mae ysgrifennu cerddi acrostig yn ffordd dda o gael y plant i feddwl yn galed am lythrennau cyntaf geiriau, ac i ddewis a dethol geiriau addas ar gyfer creu brawddeg synhwyrol.

- Darllen yr enghraifft yma o gerdd acrostig i grŵp o blant.

Sêr bach yn wincian
Yn yr awyr,
Mil o oleuadau bach.
Fflicio, fflachio,
O! 'na bert!
Nos da
I bawb o bobl y byd!

- Defnyddio'r gerdd i ddangos i'r plant sut i greu brawddegau bach syml a fydd yn addas ar gyfer y gerdd acrostig.

- Y plant i greu brawddegau syml yn gyntaf, gan ddefnyddio llythyren gyntaf y gerdd acrostig S yn gyntaf, e.e. "Sêr bach gwyn" neu "Sêr yn gwenu".

- Gadael i'r plant weithio drwy lythrennau'r gerdd acrostig i greu brawddegau syml.

Gwerthfawrogi Cerddoriaeth

Trwy roi'r cyfle i blant wrando a gwerthfawrogi cerddoriaeth yr ydym yn datblygu eu gallu i weithio'n greadigol.

Maent yn cael y cyfle i ddehongli darn o gerddoriaeth ac i rannu eu syniadau yn llafar ac ar ffurf darlun.

- Dewis darnau amrywiol o gerddoriaeth allan o gampwaith y cyfansoddwr **HOLST** - y "Planet Suite".

- Rhoi darn o bapur plaen i bob plentyn yn y grŵp a digon o bensiliau lliw.

- Chwarae darnau unigol i grŵp o blant gan ofyn iddynt wrando'n ofalus ar bob darn.

- Ar ôl i'r plant wrando ar y darn, rhaid gofyn iddynt wneud llun o'r hyn sydd yn dod i'w meddwl ar ôl clywed y darn.

- Rhoi cyfle i'r plant drafod eu lluniau.

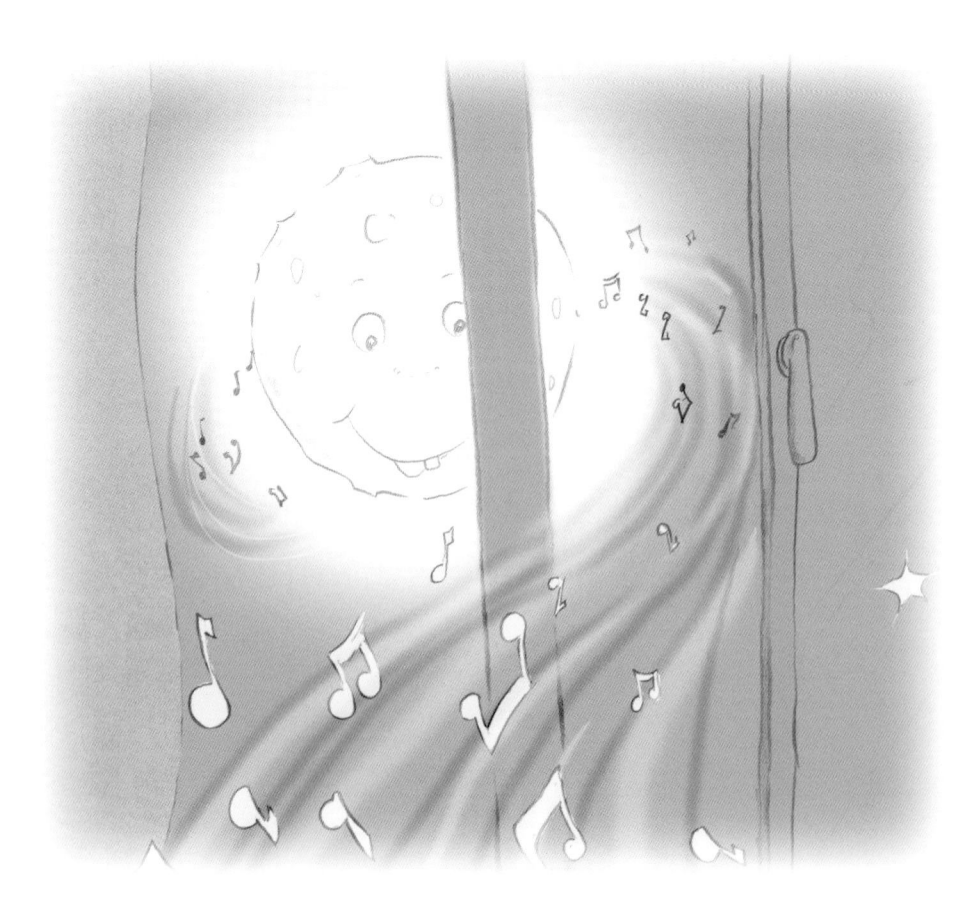

"Babis"

Roedd Morgan Wyn yn meddwl yn galed iawn am y cwestiwn, "O ble daeth y babi 'ma?"
Mae'n meddwl am anifeiliaid eraill sy'n cael babis, anifeiliaid fel Modlen y gath, a'r defaid sydd yn geni ŵyn bach ar fferm Sam a Nia.
Dyma gyfle i'r plant feddwl am fwy o anifeiliaid sydd yn cael "babis" ac i ddefnyddio cyfeirlyfrau i gasglu gwybodaeth.

- Casglu lluniau anifeiliaid amrywiol i'w dangos i'r plant.

    e.e.   dafad   ci   iâr   ceffyl   buwch

- Ysgrifennu enwau "babis"/rhai bach yr anifeiliaid uchod ar gardiau bach

    e.e.   oen   ci bach   cyw   ebol   llo

- Gofyn i'r plant feddwl am ragor o anifeiliaid a gwneud lluniau ohonynt.

- Dangos y cardiau sydd ag enwau "babis"/rhai bach anifeiliaid arnynt,

    e.e.   carw bach   asyn   cyw bach

- Y plant i gysylltu enwau'r "babis"/rhai bach â'u rhieni.

Wyneb Newydd Sbon

Roedd Morgan Wyn yn poeni am wyneb y babi newydd! "Beth petai trwyn y babi'n fwy na'i drwyn o?"
Tybed beth mae'r plant yn ei feddwl am eu hwynebau eu hunain?
Ydyn nhw'n hoffi eu trwyn, lliw llygaid neu liw gwallt?
Dyma gyfle iddynt feddwl am eu hwynebau eu hunain ac wynebau eu ffrindiau, a chael y cyfle i drin a thrafod gyda'u ffrindiau.

- Y plant i weithio gyda phartner.

- Gofyn i'r plant wneud llun o'u partner ar bapur glân.

- Gofyn iddynt wneud llun manwl iawn gan gofio cynnwys llygaid, trwyn, ceg, clustiau, bochau a gwallt. Gall y plant ddefnyddio pensiliau lliw i wneud hyn.

- Gofyn i'r plant roi eu lluniau yn ôl i'w partneriaid.

- Gofyn i'r plant edrych yn fanwl ar y lluniau sydd wedi eu gwneud ohonynt a gwneud rhestr o bethau y byddent yn hoffi eu newid ynglŷn â'u hwynebau eu hunain, e.e. trwyn llai, gwallt melyn yn lle brown, llygaid brown yn lle glas.

- Gofyn i'r plant wneud lluniau newydd ohonynt eu hunain, lluniau sy'n dangos y newidiadau yr hoffent eu gwneud i'w wynebau.

- Y plant i drafod y newidiadau gyda'u partner.

Anrhegion Morgan Wyn

Beth yn y byd mae Morgan Wyn yn mynd i'w roi yn anrheg i'r babi newydd? Beth fyddai plant y dosbarth yn hoffi ei roi i fabi newydd tybed? Dyma gyfle i grŵp o blant edrych mewn cylchgronau teganau plant bach i chwilio am syniadau ar gyfer anrhegion ac i ddewis eu hoff anrhegion. Mae sgiliau llafar yn cael eu datblygu yn y gweithgaredd hwn, ac mae hefyd yn gyfle i'r plant egluro pam y maent wedi gwneud eu dewisiadau.

- Gofyn i'r plant wneud llun blwch mawr ar gyfer teganau'r babi newydd.

- Y plant i chwilio mewn cylchgronau, ac i feddwl am syniadau ar gyfer anrhegion y gallent hwy eu hunain eu rhoi i'r babi.

- Y plant i wneud lluniau o'u 6 hoff degan ac i geisio ysgrifennu enwau'r teganau.

- Gofyn i'r grŵp siarad am eu hoff deganau ac esbonio pam y maent wedi eu dewis ar gyfer y babi.

Gofyn Cwestiwn

Pan aeth Morgan Wyn i'w wely roedd yn poeni'n arw. Roedd sawl cwestiwn yn troi yn ei ben. Un cwestiwn pwysig oedd "Fyddai o'n gorfod rhannu ei deganau?"

Pwrpas y gweithgaredd hwn yw rhoi cyfle i blant lunio eu cwestiynau eu hunain, a'u defnyddio i ddod i wybod mwy am fabanod.

Gellir defnyddio llyfrau gwybodaeth Longman:
Sut mae Babanod yn Tyfu
Beth oedd Babanod yn ei Wisgo?
Bwyd Babanod
Cario Babanod
Clytiau
Offer Babanod

- Gofyn i'r plant wneud lluniau babanod gyda phensiliau lliw.

- Gofyn i'r plant ysgrifennu popeth y maent yn ei wybod am fabanod ar ddarn o bapur.

- Dangos llyfr "Sut mae Babanod yn Tyfu" i grŵp o blant.

- Dweud ambell ffaith wrth y plant, e.e. Mae babanod yn cysgu llawer.

- Gofyn i'r plant feddwl am gwestiynau y bydden nhw'n hoffi eu gofyn am fabanod.

- Gofyn i'r plant rannu eu cwestiynau gyda gweddill y grŵp.

- Gofyn i'r plant geisio ateb cwestiynau ei gilydd.